100 French Short Stories
for Beginners

Learn French with Stories

Including Audiobook

French Edition

Foreign Language Book 1

Christian Stahl

ISBN:
ISBN-13:

Contents

Learning French through short stories

Reading culturally interesting and entertaining short stories to enhance your French is an easy way to improve your French language skills. This book contains a selection of 100 short stories for beginners with a wide range of genres, all prepared specifically for French language learners. The aim of this book is to teach different French vocabulary and phrases associated with short stories, and to improve your French language skills in a short period of time.

Advance as you read

Each of the first 80 short stories take about 2 minutes to read and average about 150 to 300 words. Important words and phrases relevant to each topic were carefully selected. The stories 80 to 100 are longer and slightly more advanced in terms of vocabulary and contain some of the vocabulary from the previous stories. The last 20 stories take about 3 to 5 minutes to read and consist of most of the previously mentioned vocabulary.

All stories are written by a French linguist and native speaker from France to ensure you can learn from authentic material while fine-tuning your French vocabulary and improving your comprehension.

The content is intended mainly for elementary to intermediate level learners, but it will also be useful for more advanced learnes as a way of practicing their reading skills and comprehension of the French language. The stories have been arranged according to their degree of difficulty and each story is accompanied by a key vocabulary section and story related questions.

Using this book effectively

To learn French effectively you just read each French story at a time and study the vocabulary after reading.

Vocabulary will be introduced to you at a reasonable pace, so you're not overwhelmed with difficult words all at once. Here, you won't have to look up every other word, but you can simply enjoy the story and absorb new words simply from the story's context.

The French contained in here are written using easy-to-understand grammar and vocabulary that both, those at the beginner and intermediate levels can understand, appreciate, and learn from.

Some stories are focused on dialogue. These story contains loads of natural dialogue, so you can learn conversational French as you read. This is doubly beneficial as you will improve your speaking ability as well. Over time, you will build an intuitive understanding of how French functions. This differs from a more theoretical understanding put together via learning rules and conceptual examples. It's more important to reach to finish the story without stopping, then to understand each and every word.

The simple truth is that you won't get everything your first time around. This is completely normal.

CHRISTIAN STAHL

Audiobook in MP3 Format

At the end of this book, after the last story, you can find the download link for the audio file. It contains 20 of the more extensive stories (82 to 102) that you find in the book.

1. La clé

Je suis en retard aujourd'hui et je dois partir
au travail très vite. Je saute littéralement dans
ma voiture. Alors que j'arrive sur l'autoroute,
je ne suis plus très sûre d'avoir pris la clé de
chez moi. Je touche mon sac. " Mon Dieu!
J'ai oublié ma clé " je m'exclame.

Je fais demi-tour et rentre aussi vite que
possible. Je me gare devant ma porte, même
si personne n'a le droit de s'y garer ou de s'y
arrêter. J'habite au troisième étage mais
prends les escaliers en courant, en espérant
faire au plus vite. Je cherche la clé dans mon
appartement mais je ne la trouve pas tout de
suite. Après quelques minutes je réalise que
j'avais laissé la clé dans ma veste !

Je descends les escaliers en courant jusqu'à
ma voiture. Je regarde autour. Où est ma
voiture? Au loin, je vois une remorqueuse
emmener ma voiture.

2. Culture

Je suis assis avec plusieurs étudiants dans un café parisien. Nous avons une réunion internationale. Les américains, les français et les allemands sont assis à une table et discutent.

L'américain demande, "Qu'est-ce-que la culture veut vraiment dire dans ce pays ?"

Je réponds que ce terme peut avoir plusieurs significations : littérature, théâtre, art ou même notre façon de parler mais aussi de nous conduire.

« Est ce que ça inclut aussi le comportement? » Demande l'américain.

« Le Comportement est un terme général et il en fait probablement partie. » dit l'allemand

« Donc ça veut que quand je me comporte j'ai de la culture », demande l'américain en souriant.

« Plus ou moins », je réponds. Mais

l'éducation et les manières peuvent aussi définir une culture ».

« Est-ce qu'on peut aussi dire qu'en France j'ai de la culture contrairement à toi ? », demande l'américain.

« Non, ça serait arrogant », je revendique.

3. Intoxication alimentaire

Mon frère Marc ne se sent vraiment pas bien, il est au lit depuis hier. Il a la nausée, mal à la tête, il tousse et il a la diarrhée. Il se sent aussi épuisé et fatigué. Mon père conduit mon frère chez le médecin. Il explique les symptômes au médecin et le médecin examine Marc.

Le médecin en déduit que Marc a une intoxication alimentaire. C'est une situation dangereuse parce que Marc est déjà déshydraté ! Le médecin conseille à Marc de rester au lit et de prendre un médicament fort deux fois par jour. Mon frère pense que son intoxication alimentaire vient d'un kebab qu'il avait mangé la veille quand il s'était arrêté en ville.

4. Le voisin

Ma mère et moi regardons notre nouveau voisin. Chaque matin il part de chez lui à huit heures. Nous le regardons par la fenêtre de la cuisine. L'homme est jeune et porte un costume et une cravate. Nous pensons c'est un homme de grande classe. Il va et revient toujours à une heure particulière.

Ma mère a aussi beaucoup d'amis et elle invite souvent des hommes étranges à la maison. Les hommes sont très gentils et apportent souvent des cadeaux à ma mère. Après leurs visites, nous avons parfois beaucoup de liquide. Dès que les hommes partent, nous partons en général en hâte au centre commercial pour faire des courses. Un jour nous croisons le nouveau voisin au supermarché.

Ma mère lui sourit. Ils commencent à parler. L'homme vient à la maison et passe du temps avec ma mère. Un mois plus tard, ma mère me dit : « Nous allons bientôt déménager. Nous allons vivre avec Jeff, notre voisin. Je l'ai convaincu de nous laisser vivre avec lui. »

5. L'expérience

A l'école, Sandra demande à ses camarades de classe :

« Est-ce vrai que les vieilles personnes sentent différemment ? »

Son amie Gabi répond « Et ben, il sentent tous le pourri. »

John rit. « Non, seuls les morts sont pourris. Les vieilles personnes ne sont pas encore mortes. Elles sont en vie.

Gabi glousse. « D'accord. Alors on les appellera des personnes matures. Mais d'ailleurs, ça m'est égal comment on appelle les vieilles personnes. Je ne veux juste pas être près d'eux. »

John lève la main. « Attends deux minutes, j'ai vu une expérience sur Youtube une fois, qui montrait que les vieilles personnes ne sentent pas différemment. Des scientifiques ont divisé des personnes en trois groupes : vieux, d'âge mûr et jeune. Chaque personne devait dormir avec la même chemise pendant cinq nuits et les chemises n'étaient pas lavées. Puis ils ont demandé à des volontaires de sentir les chemises.

Les volontaires ne savaient pas quelle chemise appartenait à quel groupe mais ils étaient tous d'accord pour dier que celles des vieilles personnes sentaient meilleur.

Quel genre de volontaires étaient ces gens qui voulaient sentir des chemises de vieilles personnes ? » demande Sandra.

John répond, « c'était, bien sûr, de vieux retraités. »

6. Dialogue – Piste cyclable dans une ville d'Europe

La semaine dernière, je suis allé à l'université en vélo. Il y avait deux pistes cyclables sur la route. Il y avait une jeune fille de l'autre côté. Elle était très belle. Elle pédalait parallèle à moi dans la même direction.

Soudain, elle s'arrête et me crie : « Tu conduis du mauvais côté ! »

On s'arrêta tous les deux. Elle s'approcha « Ne connais-tu pas les règles de conduite ? », elle me demande.

Je dis : « Je voulais juste gagner du temps. »

Elle réponds : « Tu ne gagnes pas de temps si tu fais mal à quelqu'un. Un accident pourrait abîmer ton vélo. Tu pourrais finir à l'hôpital. Tu dois prendre ton temps. Des accidents arrivent tous les jours parce que les gens n'ont pas le temps. Est-ce-que tu veux te faire mal aussi ?

Je lui demande alors « Es-tu mariée ? »

7. Mal de tête

Mme Meyer a un très gros mal de tête. Le docteur examine son épaule et lui prescrit des comprimés qu'elle doit prendre tous les jours. Par ailleurs, le docteur lui donne une liste d'activités à faire. Elle est censée faire du yoga et de la méditation tous les jours, car le docteur affirme que le mal de tête est dû au stress.

La femme fait les activités pendant quelque jours mais les maux de têtes ne disparaissent toujours pas. Au bout d'une semaine elle retourne voir le docteur.

« Vous sentez-vous mieux ? » lui demande le docteur.

Elle dit que non et qu'elle a toujours mal à la tête quand elle est nerveuse.

« Dormez-vous assez ? » il demande. Elle répond qu'elle ne sait pas.

Après l'avoir encore examiné, le docteur lui prescrit des comprimés contre la nervosité, des cachets contre le stress et du Valium pour dormir. Mme Meyer a maintenant une grande boite remplie de comprimés et de cachets à la maison

8. Un nouveau permis de conduire

Il y a trois jours, j'ai reçu mon permis de conduire. Avec un permis de conduire, je peux conduire presque n'importe quelle voiture au Royaume-Uni et aussi dans la plupart des pays européens. J'ai reçu mon permis peu après mon 18ème anniversaire. Il est important que je puisse utiliser mon permis partout car je dois bientôt aller jusqu'en Espagne en voiture.

Contrairement à d'autres pays, comme les Etats-Unis, obtenir un permis de conduire peut être très cher. Mais il y a quelques différences en Europe. Par exemple en Allemagne, un permis de conduire est valide toute la vie.

Aujourd'hui je serais seul sur l'autoroute pour la première fois, avec la voiture de mon père, une Porsche. Je vais conduire doucement et vais laisser les bouteilles de bière à la maison.

9. Le réveillon du Nouvel An

Le réveillon du Nouvel An est toujours le 31 décembre en Allemagne, en France et en Italie. La plupart des gens fêtent le nouvel an avec des amis ou leur famille. Il y a toujours des feux d'artifices à minuit. La plupart des familles préparent aussi un repas spécial. Un repas du Nouvel An consiste soit en de la carpe, de l'oie ou des hotdogs. Les allemands aiment aussi la salade de pommes de terre.

Souvent, le réveillon du Nouvel An est une occasion pour beaucoup de gens de boire beaucoup d'alcool. La plupart des jeunes vont à des fêtes et certains vont même danser ! Le 1er janvier est un jour férié sur tout le continent, et presque toutes les entreprises sont fermées. Le 2 janvier, en revanche, est un jour de travail normal en Europe.

10. Factures et contrats

Je suis une étudiante française vivant dans un petit appartement en dehors de Londres. Chaque mois, je dois payer beaucoup de factures. Le loyer est une facture importante et coûte plus cher que tout le reste.

Chaque mois je paie le loyer, la facture d'eau, la facture de téléphone et d'électricité. Mes factures sont en général automatiquement prélevées sur mon compte. Si mon compte est vide, je transfèrere l'argent.

Les contrats doivent être pris au sérieux et sont très importants en Angleterre. Si vous rompez un contrat dans ce pays, vous aurez certainement des problèmes. Si votre salaire est fluctuant, il vaut probablement mieux éviter les contrats.

11. Voyageur mondial

Je suis né à Dayton, dans l'Ohio mais, pour être franc, je ne me suis jamais très bien senti là-bas. Heureusement, j'ai découvert d'autres pays quand je n'étais encore qu'adolescent. Mes parents voyageaient beaucoup et nous avons eu la chance de vivre dans différents pays. Depuis mon premier souvenir, j'ai toujours été fasciné par l'Asie, en particulier le Japon.

L'Europe est intéressante mais il est difficile de vivre dans la plupart des pays. Cependant, la culture et surtout la nourriture étaient toujours les meilleures. En vieillissant, j'ai commencé à voyager seul. J'ai conduit jusqu'au Mexique et ai voyagé jusqu'au Panama.

Ces voyages étaient plus aventureux que les voyages ordinaires. Je peux honnêtement dire que voyager est formateur sur beaucoup de points. J'ai découvert des cultures différentes et ai plutôt bien développé mes capacités sociales. La plupart des américains ne voyagent qu'à l'intérieur de leur propre pays et il n'y a rien de mal à ça, mais je pense personnellement que les expériences internationales sont plus formatrices et meilleures pour le cerveau.

12. Chef Passion

Je m'appelle Susanne et aujourd'hui je vais vous montrer comment faire des Schnitzels. Je préfère les steaks de bœufs mais d'autres aiment aussi manger du porc.

Je coupe d'abord le bœuf en tranches fines. Je les frappe ensuite avec la paume de la main jusqu'à ce qu'elles soient bien. Je les saupoudre de sel et de poivre de chaque côté. Je prépare trois assiettes.

Dans la première assiette j'ai de la farine, dans la deuxième assiette un œuf battu, et des miettes de pain dans la troisième. On met les tranches dans la farine puis dans l'œuf et enfin dans les miettes de pain. On fait ensuite frire la viande des deux côtés pendant 2 à 3 minutes dans une poêle à frire.

13. Le cambriolage

J'ai eu un sommeil agité toute la nuit. Je dormais seule et ai entendu un bruit soudain.. J'ai sauté hors du lit, mis mon pantalon et ai inspecté la maison. J'ai entendu des bruits de pas, ils vienaient du salon. Quand je suis entré dans le salon, il etait vide. Il n'y avait personne. Je vois alors que la porte du balcon est ouverte ! J'allume la lumière et regarde autour de moi.

Les placards sont ouverts et mes affaires sont partout sur le sol. Des cambrioleurs étaient ici ! Je me sens mal mais remarque vite que rien n'a vraiment été pris. Tout est en désordre mais les cambrioleurs n'ont rien pris. Ils cherchaient de l'argent et des bijoux ! Je pense que c'était des drogués, parce qu'ils n'ont pris que de l'argent. Je ne veux pas appeler la police. Demain, j'irai m'acheter un pistolet.

14. Téléphone cassé

Cela fait des jours que je n'arrive pas à charger mon téléphone. J'ai d'abord pensé que c'était à cause du chargeur. Ce n'est peut-être pas la raison parce qu'il marche avec un autre téléphone. Heureusement, je connais un magasin de téléphone où ils peuvent le réparer. Je dois laisser mon téléphone là-bas une journée pour qu'il puisse être évalué.

Je retourne au magasin le lendemain pour le récupérer. J'ai une sensation étrange. Le vendeur me montre le téléphone et l'ouvre. Tout semble être noir ! L'homme me dit que le téléphone a été endommagé par un court-circuit. La réparation couterait deux cents euros. Il me dit aussi que le téléphone a été mouillé et que c'est comme ça qu'il s'est endommagé.

Aujourd'hui il a une offre pour un nouveau téléphone. Le nouveau téléphone ne coûte que trois cents euros. Je n'ai pas le choix et achète un nouveau téléphone. Je ne vais plus jamais utiliser mon téléphone dans mon bain

15. Les peintres

Ce matin, les peintres sont arrivés. Il était temps car notre maison a l'air en mauvais état.

Les peintres ont amené une échelle et ont commencé par peindre les murs extérieurs. Chaque mur doit être peint en blanc. Ils portent un pot de peinture, un pinceau et un rouleau. Avec un rouleau on peut peindre beaucoup de murs en peu de temps ; un seul jour devrait suffire pour une petite maison. Mais ils n'ont toujours pas fini.

Demain ils doivent peindre les murs intérieurs de la maison. Les peintres veulent être payés immédiatement en liquide sans qu'on leur pose de question.

16. Arrêter

Le mois prochain, Sammy aura trente ans. Le problème est que Sammy fume des cigarettes depuis plus de dix ans. Il a essayé tout un tas de méthode et d'astuces pour arrêter de fumer. Rien n'a marché et il sait qu'il a besoin d'un traitement. Par chance, il a trouvé quelques petites îles habitées appartenant aux Etats-Unis, en dessous de la frontière canadienne. Il n'y a pas de ferry public et ça lui semble être l'endroit idéal pour arrêter de fumer. Une semaine plus tard, Sammy est déjà sur l'île. Il compte rester une semaine, le temps que la nicotine s'évacue de son corps.

En arrivant il jette son dernier paquet dans un buisson. Après trois jours, Sammy est presque mort d'ennui. Curieusement, il trouve une bouteille de whisky dans les buissons. Il n'a rien d'autre à faire que de boire le whisky. Soudain, il entend de la musique ! Après avoir cherché la source, il trouve un homme devant une grotte écoutant de la musique et fumant un cigare.

CHRISTIAN STAHL

« Que faites-vous ici ? » demande Sammy.

Le vieil homme est surpris aussi.

« Je suis ici pour arrêter l'alcool, et vous ? »

« J'essaie d'arrêter de fumer. C'est votre bouteille de whisky ? »

« Oui. Et j'imagine que c'est votre paquet de tabac ? »

Sammy hoche la tête, il se sent pris de vertiges. « Ecoutez, est-ce-que vous pouvez me rendre mes cigarettes ? »

Bien sûr, si vous me donnez ma bouteille de whisky.

Finalement, les hommes se mettent d'accord et continuent à faire ce qu'ils faisaient avant

17. Nager

Nous sommes un groupe de garçons avides de natation. La plupart d'entre nous avons douze ans et seul notre ami Peter a onze ans.

Chaque vendredi après-midi nous allons à la piscine municipale. D'abord nous devons aller aux vestiaires. Nous nous changeons en maillots de bain puis nous prenons une douche. Il faut prendre une douche avant et après avoir nagé, ce qui est obligatoire dans les piscines municipales.

Parfois prendre une douche est long parce que nous aimons faire des blagues et faire les idiots. Une fois dans la piscine, nous sautons de la planche et nageons. Nous commençons par faire 300 mètres de brasse et nous enchainons en général avec vingt minutes de nage libre. Vers la fin nous jouons au waterpolo. Au bord de la piscine, il y a toujours un maitre-nageur qui nous observe.

La semaine dernière, après avoir fini de nager nous n'avons pas pris de douche car un enfant inconnu avait laissé ses excréments dans la douche.

18. Le marché fermier hebdomadaire

Ma famille adore acheter des produits frais de producteurs locaux. C'est pourquoi nous allons tous au marché fermier. Mon mari est un chef amateur et n'achète les légumes qu'au marché. Notre stand préféré est au bout du marché là où nous pouvons aussi acheter des herbes fraiches.

« Bonjour Lisa et Harry, ça fait plaisir de vous revoir »

« Bonjour Bill ! Qu'est-ce-que vous avez de plus frais aujourd'hui ? »

« Harry, tu sais que tous mes produits sont frais. Tout vient d'arriver directement de l'éco ferme. »

« Donc, de tous les vendeurs du marché, vous êtes livrés en premier ? »

« C'est ça. Je suis à l'entrée du marché ici, c'est pour ça que mes tables passent en premier. »

« Ok Bill, on va donc prendre 2 kilos de tomates et 3 kilos de pommes de terre, et un bouquet de carottes s'il vous plait »

« Autre chose ? »

« Vendez-vous des figues ? »

« Elle ne poussent pas par ici. »

« Ok, combien est-ce-que je vous dois ? »

« Ça fera six dollars au total »

19. Nouveaux voisins

Depuis que j'ai emménagé dans mon nouvel appartement, j'ai aussi de nouveaux voisins. Une famille vit au-dessus et les enfants sont encore petits. Je les entends parfois jouer.

La nuit, les parents sont rarement là et les enfants crient souvent de façon étrange. Il y a également un jeune homme qui vit à côté de chez nous. Il est étudiant et vit seul, sauf qu'il a un chat dans son appartement. En général, quand on se croise dans les escaliers, il me dit bonjour.

La semaine prochaine nous avons tous ce qu'ils appellent une réunion de locataires où tous les locataires des appartements se rencontrent et discutent de problèmes divers. J'ai hâte d'aller à cette réunion parce que je vais avoir mon mot à dire sur ce qui va et ce qui ne va pas dans cet immeuble.

20. L'enterrement

Ma grand-mère est morte la semaine passée.
Toute la famille est très triste. L'enterrement
aura lieu en fin d'après-midi et peut être que
certains dans la famille se vont se retrouver
pour un diner dans un restaurant.

Suivant la tradition, la plupart des morts sont
enterrés, mais les crémations sont de plus en
plus communes puisque certains pensent que
c'est plus pratique. Quand les gens vont à un
enterrement, ils se retrouvent d'abord à
l'église. Là tout le monde peut voir le cercueil,
joliment décoré avec des couronnes
mortuaires ou des bouquets de fleurs. Le
pasteur fait un discours sur la vie du décédé.
Puis tout le monde se rejoint dehors.

Le cercueil est emmené jusqu'à la tombe par
les porteurs et, à la fin, on fait lentement
descendre le cercueil dans un grand trou.
Pour dire un dernier au revoir, mes parents et
mes frères et sœurs jettent de la terre sur le
cercueil.

21. Le distributeur

Demain c'est le week-end. Je veux payer en liquide au supermarché et je veux aller au cinéma plus tard. Avant ça, je dois aller au distributeur pour retirer de l'argent. D'abord, j'insère ma carte dans le distributeur.

Un message apparait sur l'écran pour que j'entre mon code secret. Le code secret, aussi connu sous le nom de PIN, est fait de quatre chiffres. Après avoir entré mon code secret, j'ai accès à mon compte.

Je peux aussi voir sur l'écran le solde de mon compte. Je décide de retirer cinquante euros. Après avoir retiré l'argent, je dois prendre ma carte. Puis je prends un reçu.

22. Alcooliques

De nos jours, beaucoup de gens boivent trop d'alcool. Il y a des millions d'alcooliques dans le monde. C'est pourquoi beaucoup de gens meurent de maladies liées à l'alcool comme la cirrhose. Cependant, il semble que tout le monde boive de l'alcool d'une façon ou d'une autre.

C'est socialement acceptable, alors la question est : à quel point l'alcool peut-il vraiment être dangereux ? La plupart des médecins et experts sont d'accord pour dire que c'est la quantité quotidienne qui fait le plus de différences. Trop d'alcool peut endommager beaucoup d'organes, surtout le cerveau, l'estomac et les intestins. Il y a aussi beaucoup de raisons qui font que quelqu'un devient alcoolique.

Les psychologues se sont rendus compte que les raisons principales pour lesquelles quelqu'un prend une bouteille sont la solitude et la frustration. Vaincre une addiction peut être très difficile mais pas non plus impossible. La plupart des alcooliques peuvent se traiter eux-mêmes, simplement en réduisant les quantités ou en changeant leur comportement, mais un médecin peut aussi aider avec une thérapie. Le soutien des amis et de la famille peut aussi jouer un rôle spécial.

23. Coupé le cordon du câble

Au fil des années, le prix de l'abonnement pour le câble est plus devenu un poids qu'un plaisir. Nous ne sommes pas riches et devons en réalité attentivement compter chaque dollar que nous dépensons. Un des luxes les moins nécessaires que l'on s'offre est le câble. Nos enfants adorent et mon mari regarde les chaines de sports et d'informations tout le temps.

Cependant, notre facture mensuelle s'approche dangereusement des 200 dollars, quelque chose que l'on ne peut plus ignorer. Puisque personne dans la famille ne connait vraiment les technologies, j'ai dû faire mes propres recherches. Regarder la télé en streaming semblait faire l'affaire. J'ai convaincu mon mari d'acheter une télé intelligente et un appareil appelé Roku. Depuis cela, nous regardons tous la télé sur des chaines de streaming telles que Sling, PlayStation, Vue et autres. Nous économisons ainsi beaucoup d'argent.

Bien sûr, rien n'est gratuit dans la vie. Nous devons payer les chaines chaque mois mais elles sont beaucoup moins chères que le câble. Ce qu'il faut en retenir est que cette technologie relativement nouvelle est moins chère et nous ne sommes plus bombardés par les publicités.

24. Les étrangers en Grande-Bretagne

En général, en Angleterre, il y a beaucoup de monuments et destinations touristiques à visiter. Les villes les plus visitées par les étrangers sont probablement Londres, Brighton et Yorkshire, tandis que le monument le plus visité de Grande-Bretagne est probablement Stonehenge.

La plupart des visiteurs étrangers veulent aller à Londres parce qu'il y a des centaines d'endroits célèbres à voir. Westminster Abbey, Big Ben, le Buckingham Palace, Piccadilly Circus et le British Museum sont même probablement les endroits les plus visités au monde. Londres reçoit plus de dix-neuf millions de visiteurs par an et puisque la livre est rapidement tombée ces dernières années, le Royaume-Uni continuera à être une destination très populaire.

La raison principale qui fait que les étrangers aiment la Grande-Bretagne est sûrement sa culture, par exemple le thé, la culture du pub, la reine mais aussi son Histoire qui semble être partout et connectée à l'ensemble de la culture.

25. Le guide touristique

Carlos est né et a grandi à Veracruz, au Mexique mais il vit dans le New Jersey depuis plus de dix ans. Depuis qu'il a eu un accident et que personne ne peut s'occuper de lui, il a décidé de retourner dans son pays et de vivre là-bas avec sa famille. Il est maintenant guide touristique principalement pour les américains à Cancun. Quand les bateaux de croisière arrivent, il y a des milliers de touristes anglophones qui veulent non seulement voir les plages et les restaurants, mais ont aussi hâte d'explorer la campagne et de voir ce que la culture alentour a à offrir.

Carlos accepte les visites de groupe tout comme les touristes individuels. Ses services ont du succès et il s'est fait un nom en tant que guide connaisseur, en réunissant une petite communauté de fans sur différentes plateformes de voyages en ligne. Les visites commencent en général le matin et durent jusqu'en fin d'après-midi. Beaucoup de touristes se demandent comment Carlos fait pour parler anglais sans accent. Il leur en dit

un peu plus sur lui mais ça mène
généralement à des questions plus intimes.
Carlos en est conscient ; pour chaque
question, il a préparé une réponse parfaite.
C'est quelque chose qu'il a appris aux Etats-
Unis.

26. Direction l'aéroport

Mes vacances commencent aujourd'hui et je vais prendre l'avion pour aller voir ma famille. A onze heures un taxi me prend pour m'emmener à l'aéroport. Le voyage en taxi dure environ une heure et me coûte à peu près soixante dollars. Une fois arrivée, j'ai encore assez de temps avant le départ de mon vol. J'ai déjà préparé ma valise. Faire ses valises n'est pas un jeu d'enfant, tout doit être planifié et considéré. Si j'oublie quelque chose, je devrais sûrement l'acheter moi-même quand j'arriverai à destination.

Il est déjà onze heures moins une et je deviens impatiente. Enfin, le taxi arrive. Le conducteur m'aide à porter ma valise de la maison jusqu'au taxi. Je m'assois à l'arrière et regarde le compteur augmenter d'un dollar tous les cent mètres environ. Parfois les prix sont fixes, mais pas avec cette compagnie. Je pense que c'est différent pour chaque ville et état. Enfin, quand nous arrivons je donne un pourboire au conducteur puisqu'il n'a pas fait de détour inutile.

27. Le grand déménagement

Nous avons prévu de déménager dans une autre ville. Tout a été planifié depuis des semaines mais cette semaine nous déménageons vraiment. Tous les objets de la maison ont été mis dans des cartons, la plupart de meubles ont été précautionneusement emballés dans des couvertures et du film.

De plus, nous avons fait une liste des objets qui se trouvent dans chaque carton. Cela nous aidera à gagner du temps lorsque nous déballerons nos affaires. Il est difficile de faire un tel déménagement seuls, c'est pourquoi nous avons demandé à nos amis de nous aider. Nous avons aussi loué un camion pour la journée. Puisque nous faisons tout tous seuls, avec l'aide de nos amis et de nos voisins, nous faisons en fait beaucoup d'économies.

Les compagnies de déménagement professionnelles sont chères et nous préférons économiser pour pouvoir acheter des meubles en plus, parce que la nouvelle maison est plus grande que celle d'avant.

28. Conduire et se garer en Allemagne

Je viens juste de déménager en Allemagne. C'est clairement un pays pour les voitures. L'autoroute s'appelle Autobahn et ce sont d'excellentes routes pour la conduite automobile à grande vitesse.

La plupart des allemands ont un garage et certaines familles possèdent même plusieurs voitures. Mais tout n'est pas parfait dans ce pays. Les Allemands savent qu'à l'intérieur des villes il n'y a pas de parking gratuit. Si vous cherchez une place de parking gratuite où vous avez aussi le droit de vous garer, vous pourriez tourner pendant des heures avant de trouver une place. Les parkings payants sont très chers, surtout si vous en avez besoin pour un jour complet ou sur le long terme. Les gens qui habitent en ville doivent souvent déposer un dossier pour avoir une carte de parking de résident. Dans ce pays, chaque résident doit être inscrit auprès des autorités, ce qui peut être une bonne ou une très mauvaise chose. Ceux qui ne peuvent pas obtenir de carte de parking de résident mais doivent garer leur voiture dans le centre sont obligés de laisser leur voiture en périphérie de la ville pour prendre les transports en commun.

29. Faire les courses

Je m'appelle Fatima. Je viens du Moyen-Orient mais je vis en Angleterre où je suis devenue plutôt à l'aise, surtout parce que je peux y vivre avec ma famille. Faire les courses est un de mes besoins quotidiens. Je fais en général ça le matin quand il y a moins de monde au supermarché. Pour économiser de l'argent, je prépare toujours une liste. Par exemple, aujourd'hui j'ai besoin de riz, de légumes, de lait, de sardines et de pâtes. Si je trouve des offres moins chères, j'en achète davantage. Les pommes de terre et le porc ne sont pas souvent sur mon menu puisque c'est plutôt quelque chose pour les britanniques. Dans la plupart des supermarchés on doit mettre nos courses dans les sacs nous-même et on peut payer par carte de crédit.

30. Une maison propre

Chaque année, je dois faire le grand ménage dans ma maison. Je le fait en général au printemps quand il y a moins d'humidité dans la maison. Nous sommes une famille plutôt grande avec quatre enfants, tous adolescents, donc le désordre et la saleté s'accumulent vite. Notre maison est relativement normale pour une seule famille avec un garage et un petit grenier. Le salon est ouvert sur la cuisine. Nous avons aussi un congélateur en plus hors de la maison où nous stockons la viande. Une partie vient de mon père qui va en général à la chasse les week-ends. Quand nous commençons, nous nettoyons d'abord les chambres des enfants. Nous nettoyons le sol et essuyons les fenêtres. Nous devons passer la serpillère plusieurs fois jusqu'à ce que ça brille et tout ait l'air neuf. Je nettoie personnellement les meubles et il me faut en général environ une demi-journée pour nettoyer la cuisine. Mon frère nettoie le garage et aide à sortir les ordures. Nous avons une famille propre et qui fonctionne, avec une maison propre et des enfants en bonne santé.

Nous pouvons être fiers de nous.

31. Projets à venir au Mexique

Je suis en vacances au Mexique et marche sur la plage. Je commence à la mer. Mes pensées vagabondent vers l'avenir. A quoi mon avenir ressemblera-t-il ? Que suis-je censée faire ? Je rêve de finir mes études avec un doctorat en médecine. Alors, je pourrai vraiment devenir médecin et travailler dans un hôpital. Je pourrai même avoir mon propre cabinet. Je m'imagine aussi devenir chirurgien esthétique. Je sais qu'ils gagnent beaucoup d'argent et la plupart ont une excellente réputation. Certains d'entre eux sont même devenus des célébrités. Mes pensées vagabondent encore plus. Je pourrai aussi finir mes études avec mention et ensuite finir ma vie. Mais bon, j'aime où je suis. Je devrais peut-être rester ici au Mexique et passer ma vie dans un hamac.

32. Dialogue: Dîner à l'européenne.

Contrairement aux Etats-Unis, dans beaucoup de pays européens, les clients peuvent simplement entrer dans un restaurant et s'installer là où ils en ont envie. Cependant, dans les grands restaurants, il n'y a la plupart du temps pas de menu sur la table, il faut donc en demander un au serveur. Les serveurs portent en général une chemise blanche et un pantalon noir. Ils ont aussi un carnet pour prendre les commandes.

Souvent, une conversation entre un serveur et un client se déroule ainsi :

Serveur : Bonsoir, avez-vous déjà fait votre choix ?

Client : Je vais prendre un schnitzel et une salade, numéro 5 sur le menu.

Serveur : Très bien, que voudriez-vous boire ?

Client : Juste une eau minérale.

Serveur : plate ou pétillante ?

Client : Plate, avec peu de gaz.

Serveur : Vous désirez donc un schnitzel, une salade et une eau plate avec peu de gaz, c'est correct ?

Le client hoche la tête.

A la fin du repas, le client demande « La note s'il vous plait. »

Les pourboires ne sont jamais obligatoires et, dans la plupart des pays, ne sont pas inclus dans la note.

33. Une visite chez le médecin

Elsa pensait sérieusement qu'elle était enceinte. En voyant son ventre, on aurait déjà dit qu'elle avait avalé quelques ballons de basket lorsqu'elle se décida à appeler son médecin pour connaitre les résultats des derniers examens. Mais, comme la dernière fois, le médecin lui confirma qu'elle n'était pas enceinte. Mais Elsa continua de gagner quelques kilos dans les semaines qui suivirent. De plus, la forme de son ventre était devenue bizarre, ça ressemblait en fait à une énorme pomme de terre. La balance affichait plus de cent trente-cinq kilos et Elsa n'y trouvait pas d'explication. Elsa finit par aller à l'hôpital pour y subir de la chirurgie esthétique, afin d'enlever la graisse de son corps. Lorsqu'Elsa quitta l'hôpital, elle ne pesait plus que quarante-cinq kilos. Elle demanda au chirurgien quel était le problème. Le médecin montra du doigt la pelouse devant l'hôpital. « Vous voyez l'âne sur la pelouse ? Nous l'avons sorti de votre corps. Vous voilà maintenant guérie. »

34. Le restaurant espagnol

Frank a récemment ouvert un restaurant dans la région de la baie de San Francisco et sa spécialité est la cuisine espagnole. En fait, le restaurant fait partie de sa maison qui a aussi un grand jardin et est très spacieuse. Une nuit, juste quand il était sur le point de fermer, un couple entra. Sa femme, qui travaillait en cuisine se demanda pourquoi son mari laissait encore des clients entrer. « Frank, la cuisine est déjà fermée et nous n'avons plus assez de nourriture dans le réfrigérateur pour cuisiner deux repas de plus. »

Frank fit non de la tête. « En fait si, j'ai encore du lapin ici. »

« Mais la plupart des gens n'aiment pas le lapin. » dit sa femme en se plaignant.

« Je connais une très vieille recette d'un vieux livre de cuisine. Laisse-moi essayer. »

« Combien de temps est-ce-que ça va te prendre pour faire cette recette. »

« Ca va prendre environ une heure. Je dois encore enlever la fourrure puisque j'ai moi-même tué le lapin dans le jardin tout à l'heure. »

35. Divorcée

L'année dernière, mon mari et moi avons divorcé. Mon ex-mari est alcoolique et ne peux pas subvenir aux besoins de sa famille. Heureusement, les enfants travaillent déjà mais ils ont quand même besoin d'une aide financière de temps en temps. Je vais voir d'autres mères divorcées à une réunion chaque semaine. Souvent nous partons en excursion ou faisons des activités ensemble. Certaines de mes amies divorcées se remarient car c'est quelque chose qui arrive plutôt souvent. J'ai remarqué que si les gens restent seuls trop longtemps ils ont tendance à devenir alcooliques eux-mêmes. J'ai dit au revoir non seulement à mon mari mais aussi à l'alcool. Je suis sur la meilleure voie possible pour refaire ma vie.

36. Pâques

En Angleterre et dans presque toute l'Europe, Pâques est un jour férié qui rassemble toute la famille. Le vendredi saint à la campagne, il y a souvent des feux de joie où toutes les familles et amis se retrouvent autour d'un barbecue et mettent parfois de la musique. La fête de Pâques est une tradition dans de nombreux pays. Pour les enfants, le matin de Pâques est en réalité le moment le plus important de la fête. Le matin les enfants adorent peindre des œufs durs et les cacher dans les buissons. Ils jouent à les trouver mais tous les œufs ne sont pas toujours trouvés. Même des semaines après Pâques il y a des moments où la terre pue les œufs pourris qui n'ont pas été trouvés.

37. Ma meilleure amie

Je suis amie avec Rachel depuis le lycée. Maintenant, cinq ans plus tard, nous sommes encore régulièrement en contact même si nous vivons dans des villes différentes. Lorsqu'il s'agit de choses importantes dans nos vies nous sommes toujours là pour nous soutenir. Nous prévoyons encore toutes les deux d'aller dans la même université. Ce sera la meilleure façon de se soutenir à nouveau. J'ai toujours été bonne en mathématiques et physique alors que mon amie préfère les langues et les arts. D'une certaine façon, je sais toujours ce qu'elle ignore et inversement. Parfois nous nous soutenons lorsque nous sommes anxieuses ou contrariées. J'ai dû la calmer plusieurs fois, surtout quand elle avait des problèmes avec son petit ami. Tout cela pour dire que notre amitié est indestructible et j'espère qu'elle nous aidera à tout surmonter.

38. Notre nouvelle maison

Mon père a acheté une grande maison neuve pour nous tous. La maison a trois étages et il y a huit pièces à chaque étage. Il y a aussi un grand grenier, que mon père compte louer. Mon père m'explique qu'il n'est pas facile de trouver des locataires fiables et aisés. Ce week-end il attend un certain nombre de candidats. Le week-end dernier il avait déjà eu des candidats mais personne n'avait été retenu. La première famille était sans emploi et la deuxième voulait amener une grand-mère malade. Mon père préfère attendre de trouver les bonnes personnes. Il dit qu'il est préférable d'avoir une seule personne sans famille et non fumeuse.

39. Etudier à l'étranger

Je m'appelle Cliff. Je viens des Etats-Unis et je voudrais étudier en Allemagne. J'ai d'excellentes notes mais pour être admis dans une université allemande, il faudrait que je parle suffisamment allemand. Avec un examen de langue, comme le DSH ou le TASTDAF, je peux prouver mon expertise. Cependant, si je postule pour une matière principale internationale, l'examen d'allemand n'est pas nécessaire. J'ai ensuite le droit d'améliorer mes compétences en allemand dans des cours de langue réguliers.

Par chance, je parle déjà un peu l'allemand.

40. L'accident de voitue

Le mois dernier, je rentrais chez moi en voiture comme je le fais chaque jour. Je conduisais doucement et m'arrêtait à un feu de circulation. D'un coup, j'entendis un gros bruit. La voiture de derrière venait de foncer dans mon pare-chocs. Je sorti immédiatement de la voiture et vis que le phare de recul était cassé. Le conducteur admis sa faute et m'offrait de l'argent pour les dégâts. Il voulait me donner cinq cents dollars en liquide. Je déclinais son offre et lui dis que j'allais appeler la police. Soudain, tout devint noir autour de moi. Je ne me souviens pas de tout ce qu'il s'est passé à ce moment-là. Je me suis réveillé à l'hôpital. Le médecin me dit que quelqu'un m'avait tiré dessus par derrière.

41. Au bureau

Je m'appelle Tonya et je suis secrétaire. Je suis en général très occupée, surtout les lundis. Le matin, je mets 30 minutes en voiture pour aller au travail. D'abord, je fais du café puis je commence à prendre des appels. Quand mon patron arrive je dois lui faire une faveur personnelle. Après ça, je me sens généralement mal. Plus tard dans la journée j'apporte le courrier à la poste et l'après-midi je nettoie le bureau. Quand j'arrive chez moi à 7 heures, je dois aller faire les courses. Je vais souvent au lit tôt. Parfois je rêve de mon patron. En fait j'aime bien mon patron, en partie parce qu'il me fait des cadeaux.

42. Une promenade au parc

Tom et Liz sont bons amis. Chaque dimanche ils vont marcher au parc pendant environ deux heures. En général, Tom vient chercher Liz chez elle.

C'est aujourd'hui dimanche et c'est aussi l'anniversaire de Tom. Tom a une idée. Il sait que les parents de Liz ne sont pas chez eux aujourd'hui et il va la voir en avance. Il frappe à sa porte et elle ouvre. « Pourquoi es-tu en avance ? Je ne suis pas encore prête. »

« Tu n'as pas besoin de te préparer pour aller te promener. »

« Qu'est-ce que tu veux dire Tom ? »

« Je suis venu te rendre visite chez toi. Laisse-moi rentrer et tu peux imaginer le reste. »

43. Mon permis de conduire

J'ai eu dix-sept ans hier. J'ai conduit sans accident depuis aussi longtemps que je me souviens. J'ai toujours pris la voiture, même pour les courtes distances et je ne peux pas imaginer vivre sans véhicule. Si je n'ai jamais eu d'accident c'est parce que je conduis toujours prudemment. Ce matin la route était bloquée et la police examinait chaque véhicule. Ils m'ont demandé de sortir de la voiture. Le policier m'a dit que je ne pouvais plus conduire de voiture parce qu'apparemment je n'ai jamais eu de permis de conduire

44. Dialogue – Où est notre chat ?

Un matin nous avons trouvé un oiseau mort devant notre porte. Il semblait que quelqu'un l'avait posée là.

J'ai dit à ma mère : « Je pense que notre chat Mika a fait ça. »

Ma mère m'a répondu : « C'est la nature, nous ne devons pas intervenir. »

Je n'étais pas d'accord « C'est dangereux. »

« Pourquoi ? »

« L'oiseau mort est porteur de bactéries. Mika va amener ces bactéries dans notre maison. »

« Tu as raison » m'a dit ma mère, inquiète.

Ma mère devait prendre une décision. Elle emmena le chat dans la maison. Je n'ai plus jamais revu Mika après ça.

45. La première fois en Angleterre

Ce matin, je suis enfin arrivé par avion en Angleterre pour la première fois. Je vais y rester environ un an. Je suis venu ici pour trouver du travail. Ce pays a l'air très bien organisé. Il y a beaucoup de transports publics et les rues sont propres. Ils conduisent du côté gauche de la route. Les supermarchés ont aussi de bons stocks. Je pense que les anglais sont des personnes très gentilles. J'ai remarqué de la courtoisie comme attendre patiemment dans la file ou demander pardon à n'importe quelle occasion. C'est apparemment très commun. Les gens sont aussi gentils dans mon pays mais plus affectueux.

46. Dialogue – Aujourd'hui nous avons du lapin

Fernando a un restaurant espagnol à Tokyo. Son restaurant fait partie de la grande maison où il vit. Il y a derrière la maison un grand jardin sauvage. Un soir, alors que Fernando voulait fermer, des clients arrivent tard. Sa femme, qui est Japonaise, travaille en cuisine. Elle se demande pourquoi son mari veut servir des clients aussi tard.

« Pourquoi veux-tu encore servir ? » elle demande. « Il est tard et je ne vais jamais sortir de la cuisine. »

« Les clients ont déjà commandé du vin, dit Fernando. De plus, nous avons encore un lapin dans le frigo. Donc j'ai dit aux clients que ce soir je ne servais que du lapin.

47. Circulation et enfants

Notre fils a déjà six ans. Il est temps qu'il apprenne les règles de circulation puisqu'il adore faire du vélo dans le quartier. Nous lui disons que s'il veut traverser la rue il doit regarder à droite en premier. Il doit ensuite vérifier son côté gauche et il est seulement autorisé à traverser s'il n'y a pas de voiture. Il doit surtout être prudent quand il voit un panneau stop ou un feu de circulation. S'il voit que le feu pour les piétons est rouge, il doit s'arrêter et attendre que le feu passe au vert. Certaines zones ont même des pistes cyclables, ce qui est relativement nouveau pour nous mais, même avec ces pistes, les enfants doivent faire attention à les utiliser et à ne jamais aller trop vite.

48. La lampe mystérieuse

Ce que Bruno Schmidt voulait acheter à l'origine dans ce marché aux puces allemand était un tambour. Il s'était dit que pour trouver un tambour décent il devait aller sur un grand marché aux puces, dans une des plus grandes villes, ce qui a en général lieu les week-ends. C'est donc dimanche qu'il vit un grand tambour rouge sur une étale qui proposait aussi des choses cassées apparemment inutiles. Pour une raison inconnue, le vendeur ne voulait pas lui vendre le tambour.

« Vous ne savez pas lire ? » lui demanda le vendeur. Il pointa du doigt une pancarte écrit à la main. Elle disait « Prenez tout pour 100 euros. L'homme semblait ne pas vouloir vendre le tambour seul. Puis Bruno vit une lampe vintage qui avait l'air très intéressante. Une lampe ordinaire avec un abat-jour que l'on mettrait dans sa chambre. Il pourrait utiliser une lampe comme ça. Bruno demanda à l'homme s'il pouvait acheter à la fois le tambour et la lampe. L'homme hocha la tête.

Bruno regarda la lampe de plus près. Il y avait des lignes décoratives sur l'abat-jour qui avait aussi un parchemin et une couleur vive. Puis il vit ce qui semblait être un numéro le long de l'abat-jour. Etait-ce un tatouage ? « En quoi l'abat-jour est-il fait ? » Bruno demanda à l'homme. « Je ne crois pas que ce soit de la peau d'animal, répondit l'homme. Je l'ai acheté moi-même au marché aux puces de Buchenwald.

49. Pas toujours du Fish and Chips

Molli a un petit restaurant dans une petite ville au sud de l'Angleterre. Elle vend des Fish and Chips mais son plat le plus vendu est le hamburger. Elle travaille depuis longtemps dans la restauration et, puisqu'elle mange toujours sa propre nourriture dans son restaurant, elle ne se sent pas vraiment en bonne santé. Elle pense que toute la graisse et la friture ont pris le dessus sur sa santé. Elle en parle à ses clients et beaucoup d'entre eux pensent qu'elle devrait servir des plats meilleurs pour la santé. D'autres, en revanche, pense qu'elle devrait garder son restaurant plus propre car il y a beaucoup de cafards et on peut même en voir certains sur les tables. Molli finit par acheter plusieurs livres de cuisine diététique surtout de cuisine exotique, principalement asiatique car ça la fascine. Un jour Molli a une idée de génie. Après quelques jours d'essais et d'erreurs, Molli commence à servir des hamburgers asiatiques allégés. Les clients les aiment, certains pensent même qu'ils sont fantastiques. Un client régulier demande à Molli quel est le secret de ce nouveau burger savoureux ? Elle lui dit que la viande est faite avec des insectes, ce qui est très courant en Asie et qu'elle attrape tous les insectes dans son propre restaurant.

50. Un mariage inhabituel

M. Meyer est un comptable public mais travaille pour une grande entreprise d'assurance. Il a la réputation d'être fiable et d'avoir une grande éthique de travail. En peu de temps, il a monté les échelons jusqu'à la direction. Cependant, ces dernières semaines, M. Meyer a souvent été malade. Il ne semble pas très concentré non plus, ces collègues disent qu'il est distrait par quelque chose. En réalité, M. Meyer a un secret. Il est fiancé à sa petite-amie depuis un certain temps, mais le véritable secret est qu'il l'a rencontré dans la rue. La première fois qu'il l'a vu, il a payé pour son temps. Un jour, il dit à ses collègues qu'il avait l'intention de se marier avec sa fiancée. Un de ses collègues a toujours été suspicieux et envieux. Après quelques recherches sur internet, il découvre que sa fiancée a un passé douteux. Il dit aux directeurs ce qu'il a découvert. Ils donnent un choix à M. Meyer. Il peut garder son travail mais il n'a pas le droit d'épouser cette femme, ou il doit quitter l'entreprise. M. Meyer est désespéré. Devrait-il se marier ou garder son emploi ? M. Meyer fini par dire à son patron :

« Je vais me marier, mais je ne vais pas me marier avec la femme. Je me marierai à la place avec mon bureau si vous me donnez un contrat à vie. »

51. Au chômage

Laura se retrouve de nouveau sans emploi. Ces trois dernières années elle a travaillé en tant que comptable mais l'entreprise vient de faire faillite. L'entreprise où elle était avant a sous-traité toute la comptabilité à une entreprise en Inde. Dans les dix dernière années, Laura a alterné entre emploi et chômage, avec parfois plusieurs mois sans emploi entre les deux. Malgré tout, Laura se considère comme une personne fiable, ponctuelle et digne de confiance et avec un peu de chance, elle se dit qu'elle trouvera un autre emploi bientôt. Chaque jour elle cherche des annonces de postes sur les sites de recrutement et aussi dans les journaux locaux. Elle envoie son CV à toutes les entreprises auxquelles elle peut penser en espérant trouver un travail parce que le chômage lui fait perdre ses économies. Un de ces principes les plus importants est de ne jamais abandonner. Le travail de ses rêves reste celui de comptable mais elle sait que les temps ont changé. Elle est flexible parce que travailler en tant que secrétaire lui irait bien aussi.

52. Un livre célèbre

Pendant environ un an j'ai lu un livre fascinant écrit par un auteur célèbre. Le livre est un roman et parle d'un homme qui va à la pêche sur l'océan. Il doit se battre contre un gros poisson puissant et à la fin l'homme gagne cette bataille. Cependant, le livre a une signification plus profonde. L'auteur est Ernest Hemingway, qui a écrit le roman *Le vieil homme et la mer* en 1951 à Cuba. Ce travail est considéré comme un des meilleurs dans le monde de la littérature. Il a gagné le prix Nobel de littérature. Je suis complètement fascinée par ce livre et j'aimerais lire d'autres romans de cet auteur. Je pense aussi qu'un bon livre est beaucoup mieux qu'un film.

53. Une famille religieuse
Partie 1
Préparatifs de Noël

Dans une petite ville dans le sud de l'Espagne vit une famille Allemande. Ingo a douze ans et Estefani a un an de moins. Ils sont tous deux intelligents et très modernes.

Ils adorent jouer sur internet et sont passionnés par les jeux vidéo. Leurs deux parents sont pédagogues, leur père travaille dans un hôpital et leur mère a un petit cabinet de psychiatrie. C'est la période de Noël, et les chants de Noël font irruption dans les magasins et les supermarchés.

Même si les enfants ont été éduqués de façon conservatrice, ils n'ont pas envie que ce soit Noël.

Ces dernières années, quand de la famille éloignée vient les voir il y a beaucoup de disputes. Le week-end dernier, pendant un jour férié catholique, un collègue de leur père est venu les voir et une dispute a commencé.

C'était apparemment à propos de l'Eglise ou de la religion.

Le frère et la sœur se rendirent compte que leurs parents voulaient aller à la messe de Noël à l'église. Une situation inhabituelle car leurs parents n'allaient en général jamais à l'église, enfin sauf pour Noël.

Cependant, selon l'avis de leur mère, il y a beaucoup de délations dans les petites villes et il serait peut-être préférable d'aller à la messe de Noël. De plus, cela donne l'apparence d'être une bonne personne. Estefani et Ingo pensent différemment.

A Noël, les enfants veulent rester à la maison. Ingo préfèrerait participer à un jeu intéractif en ligne et Estefani a des choses à faire sur Facebook. Une dispute commence. Les parents accusent les enfants d'être mal éduqué et de ne pas avoir de manières. Après la discussion, les parents se concertent. Que devraient-ils faire ?

54. Une famille religieuse
Partie 2
La consultation

La mère a une idée. Pourquoi ne pas se retrouver avec des psychiatres au cabinet et en parler avec quelques collègues ?

Les parents ont quelques conversations téléphoniques et, le soir, un petit groupe de pédagogues et psychiatres se retrouvent au cabinet pour échanger leurs avis. Ingo et Estefani sont surpris quand leurs parents rentrent de la réunion et leur explique qu'ils ne sont plus obligés d'aller à l'église pour Noël.

Estefani veut savoir pourquoi les parents ont changé d'avis. La mère répond que leurs collègues les ont analysés et ont décrété qu'ils étaient tous les deux un petit peu malade parce que leurs parents seraient un tout petit peu trop religieux et la religion est fondamentalement une sorte de maladie neurologique.

55. Médias sociaux

Je m'appelle Nicole. La chose la plus importante pour moi est d'être et de me sentir en bonne santé. Être belle fait aussi partie de mon travail. Il y a quelques années, j'ai créé une entreprise en ligne où je vends des cosmétiques et des parfums. Pour élargir mon entreprise, j'utilise différentes plateformes de média sociaux pour diffuser des messages, tels que Twitter ou Facebook. De plus, j'utilise des médias sociaux visuels puissants. Mes préférés sont Instagram et Pinterest. J'essaie de répandre l'idée de comment les femmes peuvent rester jeunes et belles.

Curieusement, j'ai beaucoup de nouveaux amis virtuels et il semble que tout le monde veuille entrer en contact avec moi. Au final, beaucoup de clients deviennent des amis ou des partenaires professionnels. Je n'ai jamais regretté de ne pas être retournée à mon ancien travail en tant que commise aux ventes. Ma vie, mes amis et mon argent viennent de mon entreprise en ligne.

56. Un coup de main

Steven a quinze ans. De lundi à vendredi il va à l'école et vers une heure il prend le bus pour rentrer chez lui. En général, le bus est rempli d'autres élèves. Parfois, des personnes âgées prennent le bus aussi puisque beaucoup d'entre elles sont trop vielles pour prendre la voiture. Steven est un garçon gentil et plein de compassion. S'il voit une personne âgée dans le bus, il lui offre son siège car ça peut être très difficile pour elles de rester debout dans un véhicule en mouvement. A la station de bus il y a un passage piéton. Il y a un nouveau système où il faut appuyer sur un bouton pour que le feu passe au vert. Beaucoup de personnes âgées ont des difficultés avec ça et Steven n'hésite jamais à les aider à traverser la rue. Steven a déjà une idée de ce qu'il veut faire plus tard ; il pense que ça pourrait être très enrichissant de devenir aide à domicile.

57. Gentillesse

Steven est un mordu de cinéma. Aujourd'hui c'est vendredi et il a prévu d'aller au cinéma ce soir pour aller voir un film qui vient de sortir.

Steven arrive au cinéma en avance mais il y a déjà une longue queue devant la caisse. Curieusement, il y a aussi beaucoup de personnes âgées qui attendent en ligne. C'est probablement parce que les week-ends on passe aussi quelques classiques. Même si le film que Steven veut voir commence dans quelques minutes, il propose à un couple de personnes âgées de passer devant lui. Il comprend qu'il peut être difficile pour eux de faire la queue, surtout parce qu'il pleut.

Steven est encore dans la queue quand il voit un papier par terre. Il regarde de plus près et se rend compte que c'est en réalité un billet de vingt dollars. Il ramasse le billet et se demande si quelqu'un devant lui l'a fait tomber. Le couple âgé le regarde. Soudain ils s'approchent. « C'est peut-être nous qui avons fait tomber l'argent par accident. Mais vous êtes si gentil que vous pouvez tout garder. »

58. Un nouveau monde
Partie 1
Retour de l'espace

Jusqu'à maintenant, Ben Iglesias n'a jamais été capable de l'expliquer. Que s'était-il passé ? Sa vie n'était pas pire qu'avant. Mais le problème était qu'il n'arrivait pas à se débarrasser de l'idée qu'il n'avait pas sa place ici. Mais ce n'était plus important.

Tout a commencé avec le retour du vol de Mars à la Terre, un voyage prévu depuis longtemps. C'était le premier voyage de son équipe de quatre personnes. Pour lui, c'était déjà le cinquième.

Quand ils entrèrent dans l'orbite de la Terre une lumière scintillante apparut, des signaux d'alarme provenaient de partout. Puis il perdit conscience.

59. Un nouveau monde
Partie 2
La planète changée

Lorsqu'il se réveilla son équipe était morte et le vaisseau spatial fonctionnait sur électricité d'urgence mais le plus étrange était que le vaisseau avait déjà atterri et que tous les instruments étaient cassés.

Il était impossible de savoir combien de temps il s'était écoulé depuis l'accident. La météo, les coordonnées et les informations du vaisseau ne pouvaient pas être corrects. Mais surtout, il n'y avait aucun contact avec la base. Tout semblait mort.

Ben regarda par la fenêtre quelques secondes. Où était la mer des Caraïbes ? Il aurait dû être à Cuba mais sous le vaisseau tout était jaune et marron.

Ben sorti du vaisseau et vit un désert blanc qui s'étendait jusqu'à l'horizon. Il faisait très chaud et l'atmosphère ne contenait que 60% d'oxygène.

Soudain, il n'en croyait pas ses yeux. Lentement mais sûrement, un groupe d'humains s'approchait. Ils l'encerclèrent sans rien dire. Ben n'avait pas peur parce qu'ils n'avaient pas l'air agressifs mais complètement différents.

Les gens étaient petits. Il y avait des femmes et quelques autres et ils semblaient tous… brûlés ? Etaient-ils des Aborigènes d'Australie ? Il y avait une ressemblance mais ils étaient très maigres, presque comme des squelettes et pas plus grands que des enfants. Ils donnèrent de l'eau à Ben et lui firent signe de suivre le groupe. Après une longue marche, ils arrivèrent dans une vallée de rochers couverte de trous qui étaient des entrées de grottes géantes et sombres. Le son de l'eau provenait de quelque part en dessous.

C'était la première impression de Ben. Combien de temps avait-il vécu là ? Ben estimait avoir vécu avec ces créatures pendant déjà trois ans. Au départ la langue avait été le plus difficile à assimiler. Maintenant ils étaient devenus comme sa famille. Sa femme faisait quatre têtes de moins que lui, mais ça fonctionnait. Elle lui souriait toujours. La vie n'avait plus d'importance. Ben se sentait bien. Sa femme avait les yeux d'un chat noir et riait de plus en plus chaque jour, elle était tombée enceinte.

60. La commande

Un couple de l'Ohio est en vacances à Miami.
Ils sont assis dans un restaurant de bord de
mer et sont prêts à commander. Enfin, le
serveur arrive, leur donne deux menus et
disparait. Le couple regarde le menu et n'est
pas impressionné. L'homme voit du Ketchup
séché sur son menu et le secoue par dégoût.
Le serveur prend son temps pour servir
d'autres clients puis revient avec deux verres
et de l'eau. Il tient les verres du bout des
doigts, les pose sur la table et disparait à
nouveau. La femme dit à son mari « Je peux
voir ses empreintes sur les verres. C'est
dégoûtant. Tu peux demander au serveur qu'il
nous en amène deux autres verres ? »

« Pour ça ils nous feront payer un spplément.
Mais j'ai une idée, je crois qu'on a encore des
bouteilles d'eau dans ma voiture, je vais aller
les chercher. »

« Bonne idée. Prend aussi une serviette et du
savon pour qu'on puisse nettoyer la table. »

61. La vieille alcoolique

Les habitants de Chieti pensaient que Marta venait d'une ville insignifiante dans le centre de la région des Abruzzes en Italie.

Beaucoup de gens disaient qu'elle avait un accent et les personnes âgées disaient même qu'elle venait de Roumanie.

Parfois Marta allait dans un restaurant pour y manger et tout le monde parlait d'elle, elle pouvait même entendre les gens dirent qu'elle vivait avec sa fille adulte, une jeune fille qui allait supposément partir à Londres l'été suivant pour étudier.

Il était aussi connu que Marta avait un teckel, nommé Max, avec qui elle faisait une promenade au moins une fois par jour. La plupart des gens pensaient qu'elle ne travaillait pas. Marta avait un secret ouvert, elle adorait boire du vin. Une ou deux bouteilles de vin rouge par jour et elle préférait le boire seule. En début d'après-midi, elle commençait à boire et continuait jusqu'en début de soirée.

Ca valait mieux que d'aller au pub et de perdre sa réputation, elle se disait. Elle avait en partie perdu sa réputation car au supermarché Aldi elle pouvait être vue régulièrement avait un charriot plein de bouteilles de vin. Ce qui intéressait les gens était de savoir quel genre de travail elle avait et pourquoi elle vivait seule. Parfois elle semblait aussi être partie faire un voyage. Un jour avant Noël, un véhicule noir se gara devant chez elle. Des hommes et des femmes en uniformes. Etait-ce la police ? Nous ne savions pas.

Curieusement, quelques jours plus tard un autre véhicule se gara devant sa maison. Cette fois c'était un mini-bus blanc. En ce sombre jour d'hiver, Marta avait ses lunettes de soleil et elle monta rapidement dans le véhicule et la voiture disparut.

Un voisin affirmait que la voiture avait une plaque d'immatriculation étrangère avec un petit drapeau bleu et blanc.

62. Comment trouver un millionnaire sur un bateau de croisière

Je m'appelle Brigit et tout commence demain. Préparer ses valises n'est pas un jeu d'enfant et, même si j'ai commencé il y a des semaines, j'ai du mal à garder les idées claires. Je dois savoir ce que je peux emmener avec moi et ce que je dois laisser à la maison. Je viens juste de lire que je ne peux prendre ni bouteilles, ni produits alimentaires.

La croisière commence en Italie. Il n'y a pas de vraie croisière commençant en Allemagne sauf les croisières fluviale sur le Danube ou le Rhin mais elles sont réservées aux retraités. Mes vacances sur le bateau commenceront demain soir.

C'est un énorme vaisseau avec plusieurs piscines et beaucoup de restaurants. L'idée de partir en vacances en croisière m'est venue en revoyant une vieille amie. Elle avait déjà affiché sur Facebook la nouvelle qu'elle avait trouvé l'homme de ses rêves.

La vie peut être belle. Après dix ans de rencontres en ligne, mon amie en surpoids a enfin trouvé un petit copain. Il doit être riche, maintenant que je sais combien une croisière coûte. Mon voyage m'avait coûté plus de cinq milles euros mais le voyage de mon amie a dû être encore plus cher. Mes pensées vacillent entre préparer mes valises et les hommes sophistiqués, cocktails et produits de beauté. Ils vaut mieux en avoir beaucoup.

Heureusement, les tampons et shampoings ne pèsent pas lourd. J'entends la sonnette. Qui cela peut-il être ? Je n'ai pas le temps !

« Bonjour Andrea, quelle surprise ! »

« Bonjour Brigit, je voulais juste te dire bonjour avant que tu ne partes en croisière demain. Laisse-moi te présenter mon fiancé. Voilà Bobo, de Manille. »

« Ravie de vous rencontrer. »

« Salut ! »

« Est-ce qu'il parle anglais aussi ? »

« Il parle très bien anglais. Après tout, il a travaillé sur le bateau de croisière où je l'ai rencontré. Il était serveur là-bas. C'est un homme très capable ! »

63. Le club de critique

Diana vient de Londres mais vit depuis bientôt un an en Espagne dans la ville de Marbella. Elle a acheté un appartement là-bas et pour se faire un peu d'argent elle loue une chambre aux touristes. Elle gagne aussi de l'argent grâce à son entreprise en ligne. Elle a même publié des livres de développement personnel online, la plupart d'entre eux sont des livres de régime.

Diana se sent bien en Espagne. La seule chose qui lui manque sont les contacts sociaux. En tant qu'étrangère en Espagne ce n'est pas toujours facile de trouver des amis. Les étrangers qui vivent en Espagne viennent de partout dans le monde, même si la plupart parlent anglais.

Diana a une idée. Pourquoi ne pas organiser une rencontre ? Une rencontre hebdomadaire des gens avec des intérêts en commun. Diana met d'ailleurs une annonce en ligne sur un forum de rencontres. « Rencontres entre artistes et auteurs pour s'entraider et se critiquer. »

Le dimanche suivant, un petit groupe d'étrangers se retrouve dans un café. La plupart sont des auteurs et ils parlent tous de leur livre ouvertement. Certains auteurs ont déjà publié un livre et d'autres ont prévu de publier dans un avenir proche.

Le groupe se met d'accord pour s'entraider. L'idée est d'envoyer un mail aux autres membres du groupe dès qu'on livre du groupe est publié. Quelques jours après que chaque membre ait acheté le nouveau livre, une critique positive apparait sur online. Chacun est d'accord pour dire que ce système bénéficiera à tout le monde.

Un jour, Diana reçoit un mail d'un nouveau membre qui vient juste de publier son propre livre. Diana est abasourdie quand elle lit le titre du livre : « Le commerce corrompu des fausses critiques de livres. »

64. Contrôle de billets

Je me souviens avoir passé du temps en Allemagne quand j'étais enfant. Je suis même allé à l'école là-bas. Dans ce pays, les trains occupent une grande partie des transports dans la journée. Nous étions un groupe de quatre enfants. C'était un hiver neigeux. Irma faisait partie des plus jeunes, elle n'avait qu'onze ans. Nous prîmes le train de Munich vers une plus petite ville. C'était un joli train moderne, nous avions même notre propre compartiment. Quelqu'un frappa à la porte. C'était le contrôleur qui voulait vérifier nos billets. Il vérifia nos billets un par un, tandis qu'Irma cherchait nerveusement dans son sac, elle ne trouvait pas son ticket. Le contrôleur lui demanda sa pièce d'identité et lui dit de le suivre. Le train était alors arrêté dans une petite ville. Nous attendions qu'Irma revienne mais rien ne se passait. Soudain, le train recommença à avancer et nous vîmes par la fenêtre Irma seule debout sur le quai, effrayée. Elle avait l'air différente. Puis nous remarquâmes qu'elle n'avait pas sa veste ! Elle l'avait laissé sur son siège et apparemment le contrôleur l'avait fait sortir du train et l'avait laissée pratiquement morte de froid sur le quai.

65. Bus et trains

Marco et Jane sont frères et sœurs. Chaque week-end, ils partent rendre visite à leur grand-mère le matin. Leur grand-mère vit dans une ville lointaine. Puisqu'ils n'ont pas de voiture, ils doivent prendre les transports en commun, surtout le train et le bus. D'abord ils doivent prendre un train pour aller jusqu'à la grande ville la plus proche. Là-bas, à la gare, ils doivent prendre le métro pour traverser la ville. Ensuite, quand ils sont enfin arrivés à la dernière station, à l'extérieur de la ville, il faut qu'ils prennent le bus vers leur destination finale, un village dans la campagne. Le trajet prend au total environ une demi-journée et ils arrivent en général juste avant le repas de midi. Après s'être reposés pendant une heure à peu près, ils doivent repartir en ville, prendre les trains pour arriver chez eux au moment du souper. Ils veulent tous les deux faire des économies pour pouvoir acheter une voiture, car un trajet en voiture ne prendrait qu'une heure.

66. Une visite d'Amérique

Berta et Willi sont retraités, ils viennent de Hambourg mais passent la plupart de leur temps en Bavière, un état du sud de l'Allemagne. Ils ont acheté une maison de campagne dans un village il y a des années.

Le couple vient de familles modestes. Willi avait travaillé en tant que conducteur de bus et Berta, sa femme, travaillait dans un supermarché.

Un après-midi, quelqu'un sonne à la porte.

Willi ouvre la porte et se retrouve face à un homme et deux enfants. Des étrangers.

« Oui ? »

L'homme répond dans une langue qu'il ne comprend pas. Willi appelle sa femme. Berta accueille les gens qui continuent de parler avec enthousiasme mais Berta et Willi n'en comprennent pas un mot.

« Je pense qu'ils parlent anglais » dit Berta.

Les enfants font non de la tête mais semblent, d'une certaine façon, encouragés à continuer de parler.

Soudain, l'homme met la main dans sa poche et en sort une photo en noir et blanc. Il la montre à Berta et Willi. Willi met ses lunettes et hoche gentiment la tête.

La famille s'excite et les enfants embrassent Willi.

Ils parlent leur propre langue et ont l'air heureux. L'homme montre du doigt la pendule à coucou puis se montre lui.

Berta souri. « Il a l'air d'avoir la même. »

Les enfants vont dans la cuisine et ouvrent le frigo.

Berta et Willi les suivent.

« Vous avez faim ? » demande Berta

« Aujourd'hui nous avons de la choucroute avec des saucisses. Je vais les réchauffer pour vous. »

Les enfants embrassent Berta et l'étranger serre la main de Willi. A table ils mangent et rient et, soudain, Willi comprend quelques mots.

« Amérique, grand-père. » Willi et Berta sont d'accord mais tous les étrangers parlent en même temps.

Tout à coup, La famille se lève et dit au revoir à Berta et à Willi. L'étranger donne une photo à Willi.

Willi fait gentiment oui de la tête. La famille part enfin. Willi regarde la photo de nouveau. « Ça devait être l'ancien propriétaire quand il était petit. »

« Oui, mais qui étaient ces gens ? »

67. Préparatifs

Je m'appelle Nico et vendredi prochain je vais fêter mon anniversaire dans mon nouvel appartement. Je vais avoir 30 ans. Le matin ma famille passera me voir. Mes parents viendront avec mes frères et sœurs et mes grands-parents. Le soir je retrouverai tous mes amis puisqu'ils ont tous reçu une invitation. En fait, je les ai aussi invités à diner. Ma mère va m'aider parce que je ne suis pas un très bon cuisinier. Elle fera du poulet ou une autre viande et, mais surtout, elle a promis d'amener un gros gâteau. On doit mettre trente bougies sur le gâteau ! Je pense que ce sera un gâteau fait spécialement par une boulangerie qui fait aussi des gâteaux artistiques. J'ai entendu dire qu'ils n'acceptaient pas tous les clients, ce qui me fait sourire. Enfin bref, cet anniversaire va être très important pour moi.

68. Apprendre en groupe

Je m'appelle Sofia. J'habite au Texas depuis environ trois ans. Je suis venue ici depuis le Honduras avec toute ma famille. Mon beau-frère habite ici depuis des années et travaille pour le gouvernement, c'est pourquoi ma famille a pu immigrer aux Etats-Unis. Il y a de la violence dans mon pays mais non voulions surtout nous installer en Amérique du Nord parce que les salaires sont beaucoup plus hauts et la vie est plus facile, en général. J'essaie d'améliorer mon anglais en allant dans une école de langues. Parfois je ne comprends pas tout ce qui est dit. Alors je demande au professeur « Pouvez-vous parler plus doucement s'il vous plait ? » En fait, mon anglais s'est beaucoup amélioré depuis que j'étudie en groupe. C'est plus agréable et stimulant d'apprendre en petit groupe. Je suis heureuse d'avoir l'opportunité d'apprendre l'anglais dans un pays ou ce n'est parfois même pas nécessaire.

69. Gros prêteur, gros dépenseur

Après le travail je vais parfois au pub. Je commande en général une grande bière et, si j'ai de la chance, je regarde un match de football. La plupart de ceux qui vont au pub sont des habitués et j'en connais même certains personnellement. Pour moi c'est toujours fascinant d'en apprendre plus sur leurs origines. Il y a un client qui, je pense, vient tous les jours depuis des années. Il aime parler de lui-même, car c'est un riche homme d'affaires. Un jour il me demande un service. Il me demande si je peux lui prêter 50 livres. En général, je ne suis pas quelqu'un qui prête de l'argent facilement. Mais bon, il me dit qu'il me le rendra le lendemain, donc je lui donne l'argent. Le lendemain il arrive au pub et me rend mon argent sans faire d'histoire. Une semaine plus tard le client me redemande de l'argent. Donc je lui donne de l'argent puisque je m'attends à ce qu'il me le rende le lendemain, comme la fois d'avant. Bizarrement, le lendemain l'homme ne vient pas. Je demande au barman et à d'autres clients s'ils ont vu l'homme. Je suis abasourdi quand je me rends compte que la veille l'homme avait emprunté de l'argent à beaucoup de personnes, parfois des centaines de livres. Nous lui avions donné parce qu'il nous avait remboursés la fois d'avant. Cependant, nous ne le revîmes jamais.

70. Le fromage pue de tous les côtés

Harold Johnson était tombé amoureux. Il avait une nouvelle petite-amie depuis quelques semaines, une femme qu'il avait rencontrée à la bibliothèque et qui lui avait dit qu'elle travaillait au marché fermier sur un stand de fromages.

M. Johnson avait beaucoup de temps libre l'après-midi, et il en passait la majorité à la bibliothèque.

M. Johnson et la femme avaient un passe-temps en commun. Ils aimaient tous les deux lire des classiques de littérature et des livres de cuisine à la bibliothèque. Un jour, M. Johnson invita la femme à venir boire un verre de vin chez lui. C'est comme ça qu'ils se sont mis en couple. Mais la relation n'était pas sans problème. M. Johnson n'aimait pas l'odeur de la femme. Il lui dit franchement qu'il trouvait qu'elle sentait le fromage. M. Johnson avait l'impression qu'à chaque fois que la femme venait chez lui, la maison toute entière finissait pas sentir le fromage.

Elle expliqua que l'odeur devait venir d'autre part. Elle finit par lui dire que quand ils s'étaient rencontrés elle avait dû lui dire qu'elle avait une sorte de travail parce qu'elle avait honte d'être au chômage. M. Johnson était heureux d'entendre ça, donc il dit à la femme qu'il n'était pas retraité, comme il lui avait dit.

M. Johnson ne comprenait toujours pas pourquoi elle sentait toujours le fromage.

« Donc, quel est ton vrai travail ? » il lui demanda

« Je n'ai pas de travail mais je donne des massages de pieds » elle dit.

« Ça explique l'odeur. » M. Johnson répondit.

« Et que fais-tu dans la vie ? » demanda la femme.

« Je travaille dans une ferme avec les cochons, mais, heureusement, que le matin. »

71.   Aventure au spa
Partie 1
Après le travail

M. Schmidt est un homme d'affaires. Il est propriétaire d'un petit restaurant dans une gare où il vend des fish and chips.

Il a beaucoup de client habitués parce que la plupart de ses clients aiment ses plats.

Après le travail il va souvent au spa pour se calmer et se détendre.

Il y a un moment, M. Schmidt est retourné au sauna. C'est en fait un spa avec sauna à vapeur, bains turques comme on peut en trouver dans toutes les grandes villes.

Ils ont plusieurs saunas et une piscine. Ce jour-là, la température du sauna herbal est particulièrement haute. M. Schmidt était déjà assis, transpirant, sur le banc quand la porte s'ouvrit.

Un homme entra. M. Schmidt le reconnu immédiatement. C'était un client.

Cependant, il n'aimait pas ce client. Ce dernier l'avait un jour dénoncé parce qu'il pensait que son restaurant était sale.

L'autre homme reconnu aussi M. Schmidt.

Il sourit : « Bonsoir M. Schmidt, comment allez-vous ? »

« Tout va bien, merci. » répondit M. Schmidt.

« Transpirer nettoie le corps » dit l'homme

M. Schmidt en avait assez pour la journée et quitta le sauna.

72. Aventure au spa
Partie 2
La serviette

Il partit prendre une douche. Cette fois M. Schmidt prit une longue douche parce que l'homme l'avait énervé.

Après sa douche, M. Schmidt alla dans les vestiaires, une grande salle avec beaucoup de casiers. Les serviettes étaient pendues à un crochet. M. Schmidt quitta lentement le sauna.

Le client qu'il avait vu au sauna était dehors vers la porte.

L'homme regarda M. Schmidt et sourit « Excusez-moi, M. Schmidt, vous avez pris et utilisé ma serviette ! »

« M. Schmidt fit non de la tête. « Non, je ne pense pas, non. »

« S'il-vous-plait, regardez dans votre sac. » dit l'homme.

M. Schmidt ouvrit son sac et en sortit la serviette.

L'autre homme souriait toujours. « Regardez, là dans le coin, j'ai écrit des lettres au stylo noir »

« A.H. » demanda M. Schmidt.

« C'est moi. » dit l'homme.

M. Schmidt lui rendit la serviette. Il ne retourna jamais au sauna.

73. Chauffeur de taxi

Steve Jones est un chauffeur de taxi. Il
travaille d'ailleurs beaucoup. Il conduit son
taxi pendant au moins douze heures par jour.
Le dimanche est le seul jour où il ne travaille
pas. Même si ce travail est très demandeur, il
rencontre beaucoup de gens différents.
Beaucoup de passagers aiment discuter avec
lui. De plus, il conduit une limousine, ce qui
rend le travail plus supportable. Beaucoup de
clients lui laissent un pourboire généreux. Il ne
peut pas se plaindre de l'argent. Pourtant, il
voudrait faire autre chose plus tard. Steve a
beaucoup pensé à ce qu'il pourrait faire à
l'avenir. L'autre jour il se sentait inspiré.
Maintenant, il a plutôt une bonne idée de ce
qu'il va faire après avoir démissionné. Il a eu
l'inspiration après avoir regardé le film « Taxi
Driver » avec Robert De Niro.

74. Le marchand d'art

Dans le temps, Werner Schultz était comédien au théâtre. Il était connu à Berlin et avait aussi réussi à avoir un rôle important dans une série télévisée, où il jouait un criminel crédible.

M. Schultz n'a apparemment jamais été pauvre et a toujours été intéressé par l'art et les objets antiques.

Il a maintenant plus de cinquante ans et il reçoit moins d'offres de film ou de théâtre. M. Schultz est devenu plutôt connu en tant qu'artiste peintre.

On peut dire que M. Schultz est un véritable artiste et un connaisseur parce qu'il est très cultivé, surtout en ce qui concerne les tableaux antiques. Il s'y connait bien en peintres impressionnistes du 19ème siècle. Après de nombreuses d'année en tant que comédien, artiste et expert peintre, M. Schultz était le bienvenu dans beaucoup de magasins et galeries. M. Schultz avait acheté beaucoup de peintures à l'huile de valeur et des objets antiques chez les antiquaires et galeries d'art.

Mais sa réputation de bon fournisseur était encore meilleure. La qualité de ses tableaux et la marchandise qu'il vendait était de très haute gamme.

Un jour, un journal publia que le marchand d'art et célèbre acteur, M. Schultz, était mort. Personne ne savait qu'il était mort puisque M. Schultz n'avait pas de famille, c'est pourquoi les journalistes cherchaient des amis ou de la famille.

Récemment, les journalistes ont trouvé ce qu'ils cherchaient. M. Schultz était un parent éloigné d'Hermann Göring.

75. Notre hôtel

Nous venons juste d'arriver à notre hôtel. Cette année nous allons passer nos vacances en Espagne. Nous avons réservé un hôtel tout-compris et l'enregistrement était très facile. L'aimable réceptionniste nous a donné la clé de la chambre après que nous ayons payé une caution. Nous venons d'Angleterre. D'abord, il nous a semblé que l'hôtel était de très haut standing. Les chambres étaient spacieuses et tout avait l'air génial. Le lendemain a commencé à être différent. Nous avons découvert de gros cafards dans la salle-de-bain et les placards étaient sales. Nous avons pris une assurance de voyage mais malheureusement elle ne couvrait pas les chambres sales. Mon mari a eu une idée. Il a pris des photos des cafards et des placards. Dans une pharmacie pas loin, nous avons demandé des médicaments contre la diarrhée. J'ai immédiatement contacté l'assurance et leur ai dit que nous étions tous tombé malade à cause des chambres sales. Je leur ai envoyé une photo des médicaments et le reçu. Quelques semaines plus tard l'assurance nous avait remboursé notre voyage.

76. Soirée barbecue
Partie 1
Notre accord

Marco et Paula ont des enfants qui vivent encore chez eux mais le couple s'est séparé il y a peu de temps.

Heureusement, Marco a encore un petit appartement en ville et a laissé la maison à Paula et aux enfants. Les parents de Paula ont déjà quatre-vingt ans et vont célébrer leurs noces d'argent ce week-end.

C'est un bel après-midi d'été et le père de Paula, Alberto, a une idée. Pourquoi ne pas organiser un barbecue dans le jardin de Marco. Des amis, les enfants et autres membres de la famille,tous viendraient. De plus, Alberto a toujours aimé Marco. Après tout, ils sont tous les deux chasseurs dans un club de chasse. Séparation ou non, ça serait une soirée barbecue géniale. Alberto appelle sa fille et s'attend à une promesse pour le week-end. Cela demande beaucoup de conviction à Paula pour que Marco accepte qu'elle soit responsable des grillades dans son propre jardin.

Marco accepte. Le moment est arrivé le samedi après-midi. On met le grill en route pendant que les enfants jouent et que les adultes boivent des bières.

77. Soirée barbecue
Partie 2
Le cadeau

De la musique retentit d'une vieille stéréo.
Alberto aide Marco avec le grill même si c'est
ça lui est difficile et qu'il a oublié ses lunettes.
Soudain, il revient à l'esprit de Marco qu'il a
un cadeau pour Alberto. C'est un couteau de
chasse avec un man che en corne !

Marco explique que c'est un couteau très
spécial de la marque traditionnelle espagnole
Muele. Un couteau pour les collectionneurs !
La belle soirée touche à sa fin. Marco est sur
le point de partir quand Paula l'embrasse et lui
dit qu'elle veut lui parler le lendemain. Le
dimanche, Marco et Paula se retrouvent. Elle
lui est extrêmement reconnaissante pour la
superbe soirée barbecue.

Ils discutent et Marco lui dit que tout n'était
pas mauvais dans leur relation. Paula fait une
proposition à Marco. Pour le bien des enfants,
ils pourraient vivre de nouveau ensemble.

En effet, une semaine plus tard, la famille emménage de nouveau ensemble. Marco est très heureux, surtout parce que le couteau pas cher qu'il a acheté pendant son voyage en solitaire en Thaïlande n'a pas manqué de faire son effet.

78. Gagner à la loterie

Mon père et moi avons entendu dire que mon oncle avait gagné à la loterie. Le jeu s'appelle six sur quarante-neuf, ce qui veut dire que mon oncle a dû deviner six nombres corrects. Nous pensons tous que mon oncle est devenu millionnaire. Mais mon père m'a dit qu'il doit encore 2000 $ à notre famille. Nous avons décidé d'aller rendre visite à mon oncle. Quand il ouvre la porte il sent l'alcool. Il nous dit qu'il n'a jamais gagné à la loterie mais qu'il s'en est vanté dans un bar. Il voulait juste frimer : Mon père lui réclame quand-même son argent. Après une longue conversation, mon oncle donne sa voiture à mon père. Ainsi, il a payé ses dettes.

79. Au cinéma

Ce week-end, un film vraiment intéressant passe au cinéma. C'est censé être un film romantique. C'est pourquoi j'ai invité une voisine à m'accompagner parce qu'elle aussi aime les films romantiques. Nous achetons du popcorn et nous asseyons au premier rang. Le film a en réalité beaucoup de scènes romantiques, dont certaines plutôt fortes. La femme pose sa tête sur mon épaule. Je prends sa main et la met sur mes genoux. Soudain, la femme s'énerve, se lève et sort du cinéma. Je souris et regarde le reste du film. Pour moi, ça a été une soirée charmante.

The following 20 short stories are also available in audio format.

(Audio: goo.gl/86QFWZ)

80. La candidature

Le mois dernier j'ai perdu mon travail parce que je me suis disputée avec mon patron. Je suis juste partie du bureau et je suis rentrée chez moi. Désespérée de trouver un travail je suis allée dans une agence de recrutement. Ils me disent que je suis qualifiée pour beaucoup de postes. Je suis d'accord parce que je me considère honnête, dédiée et une travailleuse assidue.

Chaque jour, j'envoie de nouvelles candidature et j'en envoie beaucoup par la poste traditionnelle pour sortir du lot auprès d'employeurs potentiels. Cependant, la plupart des entreprises ne répondent même pas. Hier j'ai reçu une lettre. L'en-tête m'était familièr. Quand j'ai regardé qui l'avait envoyée je n'en croyais pas mes yeux. Mon ancienne entreprise avait renvoyé mon vieux patron et me proposait le même poste que j'avais auparavant.

81. Une simple salade

Lisa travail dans un restaurant gastronomique à Londres. Elle n'a commencé il y a que deux semaines. Le plus souvent elle travaille en cuisine mais quand le restaurant est plein, elle aide aussi au service. Le chef est connu et célèbre et aujourd'hui il travaillera en cuisine lui-même. Le service du soir a commencé et les premières commandes arrivent. Le chef crie à Lisa : « J'ai besoin d'une simple salade, Lisa ! »

Lisa commence immédiatement à y travailler. Elle coupe d'abord la laitue puis la mélange avec des rondelles de concombre. Elle hache aussi des tomates en quatre, coupe un oignon et quelques olives qu'elle met dans la salade. A la fin elle mélange les ingrédients avec de l'huile d'olive, du vinaigre, du sel et du poivre. « La salade est prête ! » crie Lisa.

Le chef regarde l'assiette, abasourdi. « C'est ce que tu appelles une simple salade ?

82. Evacuation

Nous sommes des retraités vivant dans une maison de retraite. Il y a eu une tempête à l'automne dernier. La tempête n'était que le début. Après des jours de déluge, toute la ville était inondée. Il finit par y avoir une coupure de courant. Le chauffage, l'électricité et même le téléphone ne marchait plus. D'abord nous l'avons pris à la rigolade mais la nuit devint très froide, la température descendant en dessous de zéro. Il fallut attendre trois jours avant que les bus arrivent. Ils devaient nous évacuer. A notre surprise, les bus ne vinrent pas nous prendre. A la place, ils s'arrêtèrent à côté où il y avait un hôtel de luxe. On nous dit qu'ils passaient en premier parce qu'ils pouvaient payer beaucoup d'argent pour affréter les bus. On ne pouvait pas rivaliser avec les tarifs. Quand ils partirent, les clients nous firent des clins d'œil par les fenêtres. Nous restâmes dans la maison de retraite et, heureusement, après quelques jours les voisins et autre particuliers nous évacuèrent un par un.

83. Travailleurs

Je travaillais avant sur un chantier et me décrétais maçon. A l'époque, je devais porter beaucoup de lourds matériaux, souvent des briques ou du ciment. Parfois je devais aussi nettoyer le ?? à la main avec un balai. Un jour, une petite fille m'approcha et me demanda pourquoi je transpirais autant. Je lui répondis « C'est parce que je dois travailler aussi dur. » Mais elle continua en me demandant pourquoi je ne faisais pas autre chose. Je répondis

« Parce que je ne suis qualifié que pour faire des travaux. » Soudain, mon patron me cria dessus. « Qu'est-ce que tu fais ? Je te paie pour travailler pas pour rester planter là. »

Je répondis : « La jeune fille me posait juste une question innocente. »

« Qu'est-ce qu'elle t'a demandé ? »

« Pourquoi je transpirais autant. »

« Assez, il dit. Ce n'est pas une garderie ici.

Bouge-toi. »

Le lendemain je ne suis pas retourné au travail. J'ai essayé de trouver autre chose. Je finis par trouver un emploi bien payé à nettoyer les égouts. Ce nouveau travail avait un avantage, au moins je ne transpirais plus autant.

84. Un mariage heureux

Je m'appelle Berta. Je suis mariée avec Helmut depuis huit ans. C'est un homme d'affaires prospère et je travaille à domicile. Nous n'avons pas d'enfant mais nous faisons beaucoup de choses ensemble. Mon mari est très romantique et prend bien soin de moi. Malgré tout nous avons nos différences. Mon mari aime le sport et va régulièrement à la salle de sport. Moi, au contraire, j'aime me lever tard et regarder la télé.

Malheureusement, je suis en surpoids et j'ai promis à mon mari de commencer un régime. Récemment, il est rentré tôt et m'a surprise au sous-sol où je me permettais de manger des sucreries.

85. Nouvelles chaussures

Aujourd'hui Gilbert va aller acheter de nouvelles chaussures. Dans un magasin de chaussures il demande au vendeur s'ils ont aussi des chaussures de travail. Le vendeur répond qu'ils ont en réalité des chaussures de travail en soldes pour un prix spécial. Gilbert voit une paire de chaussures particulièrement jolies sur l'étagère. Il demande s'ils les ont à sa taille. Le vendeur répond « Désolé, je n'ai que ça et il n'y a pas de garantie pour les chaussures en soldes. Gilbert regarde le prix et achète les chaussures pour un besoin spécifique. Le lendemain Gilbert porte ses nouvelles chaussures. Pourtant, il rentre le soir en boitant parce que l'un de ses talons est blessé. Sa femme lui demande : « Pourquoi as-tu acheté des chaussures trop petites pour toi ? »

Gilbert répond : « Une seule des deux était trop petite, c'est pour ça que c'était si bon marché. »

86. Adieu les kilos

Maria a récemment pris du poids. Chaque matin elle se pèse et hier elle a atteint les 90 kilos, presque tout pile. Elle a un peu honte d'elle-même, surtout parce que tout le monde dans sa famille est plutôt mince. Pour Noël elle s'attend à ce que toute sa famille vienne la voir. En fait, ses parents et frères et sœurs s'inquiètent de son problème de poids. Maria leur a dit de ne pas s'inquiéter parce qu'elle travaille sur un plan de régime dont une bonne amie lui a parlé. En gros, son régime consiste en de nouvelles recettes de cuisine. Sa famille l'encourage à s'en tenir constamment au régime. Quand Noël arrive enfin elle a une dispute avec ses parents. Ils l'accusent de ne pas faire le régime correctement parce qu'ils n'arrivent pas à dire si elle a perdu ou gagné du poids. Environ un mois plus tard, Maria envoie des photos d'elle à sa famille. Les photos montrent ses pieds sur la balance. Etonnamment, elle ne pèse plus que 55 kilos. Toute sa famille la félicite du merveilleux travail qu'elle a fait. Mais Maria a un secret. Pour prendre la photo elle a manipulé la balance et l'a fait descendre de quelques kilos.

87. A la boulangerie

Je commence à travailler dans quinze minutes. Avant d'aller au travail, j'aime m'arrêter dans une boulangerie locale pour m'acheter un sandwich. J'ouvre la porte et il y a déjà une longue queue. Il y a au moins huit personnes devant moi. Ils achètent de tout, des gâteaux au pain français. Je dois être au bureau dans moins de dix minutes. Puis mon tour arrive. Soudain, un homme passe devant moi. Je lui dis : « Excusez-moi, pourriez-vous rester dans la queue s'il-vous-plait ?! »

Le vieil homme et les vendeurs m'ignorent. Le vieil homme est en train de discuter et il veut acheter quelque chose qui est long à emballer. Je sens la colère monter. J'attrape un gâteau et le lance à la figure d'un vendeur. Il tombe alors que tout le monde crie et court vers la sortie. Je suis alors seule. Je prends mon sandwich et pars.

88. Financement participatif pour une nouvelle cuisine

Melinda est une jeune fille de Californie. Cela faisait des années qu'elle prévoyait de changer de cuisine. Le problème était qu'elle vivait encore dans la maison de ses parents, simplement dans le grenier.

Il y avait une petite kichenette, comme dans un hôtel, equipée d'un micro-onde, four et cafetière. Melinda avait toujours aimé fouiller dans les livres de cuisine et avait déjà télécharger des centaine de recettes sur online et, honnêtement, elle était bonne cuisinière. Ses parents n'étaient pas intéressés par les cuisines modernes. Mais pourquoi ? Ils mangeaient toujours des plats américains simples qui consistait en des frites, des pois, saucisses et des ingrédients grossiers.

Parce que Melinda avait déjà trente ans, sa famille s'attendait à ce qu'elle trouve enfin un partenaire, se marie et fonde une famille. Mais il y avait un problème pour Melinda. Elle n'avait pas de travail et le chômage rendait sa vie difficile, comme partout. Avec travail ou sans, elle avait besoin de cette cuisine.

Elle avait économisé six cents dollars. Il y avait à côté de chez elle un énorme magasin de fournitures pour la maison qui avait toujours des soldes sur les cuisines le lundi. Mais ce n'était pas tout. Les quincailleries et les supermarchés sont des endroits où l'on peut souvent rencontrer des voisins et des amis. Le lundi matin, Melinda se mit devant la grande entrée et attendit.

En effet, vingt minutes plus tard le premier voisin arriva. Melinda n'hésita pas. Elle dit à la femme qu'elle devait acheter une cocotte-minute de toute urgence parce que son ancienne était cassée et qu'elle avait besoin de trente dollars pour une nouvelle. Après un moment, la femme lui donna l'argent. Ça avait parfaitement marché. Melinda vit une demi-douzaine de voisins et connaissances et, à midi, elle avait assez d'argent pour la nouvelle cuisine.

89. Dialogue - Ecole et nos projets pour l'avenir

Sabine va à l'école Son professeur voudrait savoir ce que les élèves veulent faire plus tard.

« quelle profession voudriez-vous exercer plus tard ? » Il demande.

Michael est le premier à lever la main. « Je voudrais être médecin pour pouvoir ouvrir des corps et voir ce qu'il y a à l'intérieur. »

Lukas hoche la tête et lève la main. « Je veux devenir policier pour pouvoir tirer sur les gens méchants. »

Nicole rigole quand elle enchaine : « Je voudrais être pilote comme ça je pourrai me sentir aussi libre qu'un oiseau. »

Finalement, c'est au tour de Sabrine. « Je veux être professeure. Je voudrais aider les élèves à prendre de bonnes décisions sur ce qu'ils veulent faire plus tard. »

90. Le cirque

Aujourd'hui je suis allée au cirque avec ma mère. Le spectacle commençait à 6 heures mais nous sommes arrivées en avance car nous savions qu'il y allait y avoir une longue queue pour acheter les tickets. Ma mère demande pourquoi les tickets étaient aussi chers. Le vendeur explique qu'ils ont de gros animaux tels que des tigres, etc. et qu'ils mangent une énorme quantité de viande chaque jour. Enfin, le spectacle commence. D'abord nous voyons un clown qui fait des blagues en agitant ses mains. Puis ils installent une cage énorme et les animaux arrivent. Nous voyons un éléphant qui lève la patte, un singe habillé comme une écolière puis nous voyons les gros chats arrivés dans la cage. Un tigre doit sauter à travers un cercle en feu et un lion doit sauter d'un tabouret à l'autre. Je demande à ma mère si ces animaux font la même chose dans la nature. Elle me répond qu'elle ne sait pas.

91. L'ermite

Certains dissent que Michael Gomez est un ermite mais ce n'est que partiellement vrai.

La vérité est qu'il vit isolé en Andalousie près de la ville de Grenade. Un ermite a souvent peu de choses matérielles et c'est aussi vrai pour Michael. Il n'a pas l'électricité mais il peut quand même cuisiner puisqu'il a un réchaud et qu'il a connecté un générateur devant sa maison.

Il y a assez d'eau. Derrière sa propriété l'eau coule pratiquement du toit et longe le mur avant de disparaitre dans le sol. A part ça, il est bien équipé. Il a un grand lit et des toilettes de camping faits maison.

Une fois par semaine il va à Grenade en vélo où il va faire ses courses dans un supermarché. Michael a un rêve. Il veut des toilettes modernes et surtout, une vraie fenêtre fermée à vue panoramique. Le problème est que sa propriété a plusieurs autres petites entrée et, à l'avant de la maison, une grande entrée de plus de cinq mètres de large. L'entrée est en réalité ouverte la plupart du temps parce qu'il n'a pas de porte à la bonne taille et les pans en plastique n'aident pas lorsqu'il fait froid dehors.

Mais la vue depuis son énorme entrée est fantastique. Michael vit entouré de montagnes et bois et d'ici il peut voir une grande vallée et des montagnes à l'opposé. La vue inspire Michael. Un jour il voudrait devenir architecte et si ça ne fonctionne pas peut-être auteur ou artiste.

Un autre problème est qu'aucune porte ou fenêtre ne correspond à la taille et forme de son énorme entrée. Des amis lui disent qu'il est impossible d'installer une fenêtre à vue panoramique car Michael habite dans une grotte où les ours et les hommes de Néandertal vivaient.

92. La bonne

Maria vient de Pologne et travaille deux fois par semaine en tant que bonne dans une grande maison. La maison appartient à Mme. Le Clerc qui vit seule. De temps en temps son fils vient la voir. Son fils est sans emploi et il reçoit un peu d'argent de sa mère.

Le fils vit chez un ami. Il vient souvent chez sa mère le matin et regarde la télévision. S'il fait beau il s'assoit sur la terrasse et boit une bière. Maria doit emmener les bouteilles de bière vides au sous-sol. Au sous-sol, il y a énormément de boites où des bouteilles de bière pleines sont entreposées.

Mme. Le Clerc travaille très dur. Elle travaille dans une usine et revient chez elle très tard. Mais elle appelle souvent son fils et parfois Maria aussi. Un jour, le fils demande une faveur à Maria. « Je pars en voyage à l'étranger pendant quelques semaines. Mais ne le dis pas à ma mère, fait comme si tout était normal.

« Pas de problème » répond Maria.

Le lendemain tout semble normal. Mme. Le Clerc appelle Maria et demande si son fils est encore à la maison et si tout va bien.

« Oui, Mme Le Clerc, tout va bien. » Maria est assise sur la terrasse et boit une bière. Elle portera les bouteilles vides au sous-sol.

93. Mes passe-temps

Je m'appelle Miriam et j'ai beaucoup de passe-temps. La raison est simple, j'ai juste beaucoup de centres d'intérêt. Quand j'étais petite j'avais une grande collection de poupées mais maintenant mes intérêts ont changé. Maintenant je suis très intéressée par l'art. J'aime peindre et je suis tout particulièrement adepte des livres. Je lis d'ailleurs beaucoup de livres non romanesques, même des livres d'Histoire. J'aime aussi jouer au piano. La musique est un de mes passe-temps préférés. Avoir beaucoup de passe-temps différents est en fait une tradition dans ma famille. Ma sœur lit des livres de philosophie et tout le monde dans ma famille participe à des activités culturelles. A part la lecture et la musique, j'aime aussi jouer au tennis et, lors d'occasions spéciales comme les vacances, j'aime jouer au golf. Mes parents sont beaucoup plus intéressés par l'élevage d'animaux. Mon père est un expert en chien et en animaux exotiques. Quand j'ai le temps j'adore voyager. Cependant, je me considère plus comme une exploratrice que comme une touriste ordinaire. Avoir beaucoup de passe-temps et faire beaucoup de sport m'aide à garder mon corps et mon esprit actifs et m'aide aussi à avancer dans la vie.

94. AirBnB, l'ombre mystérieuse et un révolver

Anna adore AirBnB. C'est déjà la troisième fois qu'elle passe des vacances dans un appartement AirBnB. Anna a loué un grand appartement pour un mois complet, le propriétaire passe le plus clair de son temps dans sa chambre à regarder la télévision. Un jour, alors qu'Anna revient à l'appartement, la télévision dans la chambre du propriétaire retentit à plein volume.

Anna frappe à la porte mais personne ne répond. Elle ouvre la porte, entre dans la pièce et hurle. Anna regarde le vieil homme assis sur le fauteuil. Ses yeux et sa bouche sont grand ouverts. Sa tête est couverte de sang. Il a un revolver dans sa main, on lui a tiré dessus.

Pour la police il s'agit clairement d'un suicide et le corps est vite évacué. Anna ne pouvait pas rentrer chez elle parce qu'elle ne pouvait pas changer son vol et elle décida donc de finir ses vacances dans cet appartement. Mais rien n'est comme avant. Anna n'arrive pas à dormir la nuit. Pour trouver le sommeil, Anna fume un joint avant d'aller au lit. Une nuit elle se réveille et voit une grosse ombre s'approcher de son lit. Anna ne peut ni bouger ni crier. L'ombre s'approche et s'allonge sur elle.

Obscurité. Soudain, la lumière du soleil perce à travers la fenêtre. Anna se réveille et se sent mal. Elle est déprimée. Etait-ce un cauchemar ? Elle voit quelque chose de sombre sur la table de nuit. Anna le prend et c'est plutôt lourd. Maintenant elle le reconnait. C'est le revolver du vieil homme.

95. Le trésor dans les bois

Pierre est quelqu'un de romantique. Même quand il avait 18 ans à cette époque, il était plus intéressé par les livres d'histoires que par les filles, à part ses amies et camarades de classe.

Quand il ne dormait pas ou n'était pas occupé par ses devoirs, il s'assoupissait sur le canapé et rêvait d'avoir un jour beaucoup d'argent.

Un jour il s'endormit sur le canapé. Il eut un rêve vivant.

Il rêva qu'il avait trouvé un trésor sur une île. Quand il ouvrit le coffre, un petit nuage de fumée en sortit. La fumée prit la forme d'une bouche et une voix dit « lève-toi, va à la forêt, tu trouveras une carte. La carte sera enterrée sous un vieux pin. Creuse un trou où tu vois un peu de fumée. C'est une carte au trésor. Tu peux être riche si tu trouves la carte.

La fumée s'approcha de son visage et Pierre ne pouvait plus respirer, il crut qu'il allait s'étouffer.

Pierre se souvint que c'était dimanche et qu'il devait déjà être l'après-midi.

C'était déjà l'automne, du brouillard couvrait le paysage. Derrière la maison commençait un chemin qui menait directement à la forêt. Il suivi le chemin et ne fit même pas cent mètre puisqu'il avait déjà vu le pin et qu'il pouvait tr1es bien voir de la fumée blanche monter au ciel.

Pierre creusa et trouva un petit tube et, à l'intérieur, il trouva un papier enroulé.

Ça ressemblait à une carte de Bouddhiste ou à un parchemin. Il le roula et rentra chez lui. Le jour suivant après l'école il alla directement dans un magasin où l'on pouvait vendre de l'or et des objets de valeur.

Il ne toucha pas d'argent pour la carte. Pierre rentra chez lui, s'allongea sur le canapé et s'endormit. Il rêva qu'il n'allait plus jamais avoir besoin d'argent. Lorsqu'il se réveilla, il regarda la carte et sourit. La carte et le trésor ne lui importaient plus.

96. Au Pair en Angleterre

Les parents de Nicole sont français et voulaient le meilleur pour elle. Ils voulaient l'envoyer en Angleterre pour qu'elle apprenne l'anglais. Une agence avait trouvé un logement pour Nicole chez une famille anglaise.

Les parents avaient payé très cher pour un séjour d'un mois mais ça n'avait pas d'importance puisque l'éducation de leur fille passait avant tout. Nicole avait hâte parce qu'elle n'était jamais sortie du pays et qu'elle adorait apprendre les langues étrangères.

Nicole partit en Angleterre en août.

Cependant, quand Nicole arriva elle eut une mauvaise surprise. Elle n'avait pas le droit de téléphoner et la maison n'avait pas internet. C'est pourquoi Nicole devait aller à la poste pour envoyer un message à ses parents. Elle était rentrée en France avant que ses parents puissent le recevoir. Ils étaient très heureux de revoir leur fille, bien sûr et voulaient savoir si elle parlait à présent couramment anglais.

La fille expliqua. « Non, je n'ai pas appris l'anglais parce que la famille d'accueil parlait plus hindou qu'anglais. Ils venaient d'Inde. »

« Ça veut dire que le voyage était en vain », dit sa mère.

« Non, pas du tout, répondit la fille, maintenant je sais ce que le poisson Masala est. »

97. Une carte postale du Costa Rica

Mme. Duval a engagé des travailleurs pour réparer son chauffage. Elle vit seule et elle est contente de voir les hommes enfin arriver vers midi. L'équipe est seulement constituée du patron et son apprenti. Les hommes commencent à travailler et trouve une valve cassée. Le patron veut montrer la pièce cassée à Mme Duval elle lui expliquer de nouvelles choses mais elle lui fait la surprise d'amener des shots de Tequila pour faire une pause.

Elle lève son verre. « Messieurs, avant de continuer, buvez un verre. » Après 5 minutes, Mme Duval revient et insiste pour qu'ils boivent un autre verre. Les hommes obéissent et boivent. Le patron finit par demander à son apprenti d'aller chercher une nouvelle pièce au bureau. Quand, une heure plus tard, l'apprenti revient à la maison de Mme. Duval personne ne répond. Le lendemain le patron n'est pas au bureau. Le patron a disparu !

Environ une semaine plus tard le courrier arrive au bureau, incluant une carte postale de leur patron. La carte postale vient du Costa Rica et le patron annonce à ses employés qu'il est en lune de miel avec Mme. Duval.

98. Une étoile Michelin n'est pas assez

Les deux frères, Marc et Michael sont des restaurateurs doués, formés dans une école gastronomique en Suisse. Ils ont tous les deux déjà travaillé dans des restaurants français établis et se sont aussi construits une bonne réputation.

Il y a dix ans, ils ont ouvert leur restaurant à Londres. Dès le début, le restaurant a eu du succès et il ne fallut que quelques années avant que le restaurant ne reçoive sa première étoile Michelin. Le restaurant devient célèbre et à peine deux ans plus tard le restaurant reçoit sa deuxième étoile Michelin.

L'année dernière, les frères ont ouvert un deuxième restaurant dans une autre partie de la ville.

Il y a quelques mois le gros choc arriva. Les frères apprirent que leur premier restaurant n'avait reçu qu'une étoile Michelin, la deuxième avait été refusée pour des raisons inconnues.

Un ami qui travaillait pour un magazine de restauration expliqua aux frères qu'ils avaient une étoile de moins parce qu'ils transportaient leur soupe d'un restaurant à l'autre dans des sacs en plastiques.

Les frères étaient très contrariés. Tout ce qu'ils pouvaient faire était d'essayer d'améliorer l'entreprise et de faire aussi de la nouvelle publicité. Mais d'une façon ou d'une autre, la nouvelle qu'ils transportaient leur soupe à l'extérieur dans des sacs avait atteint le public.

Un jour, ils virent soudain une grosse amélioration dans leur entreprise. Plus de commandes arrivaient qu'auparavant, les clients venaient pour commander à emporter. Il semblait que chaque jour il y avait plus de demandes pour la soupe.

La soupe semblait être le plat le plus vendu. Les frères sont convaincus que des nouvelles négatives sur le restaurant peuvent être bonnes pour l'entreprise.

99. Nourriture végétalienne

Maria sait qu'elle doit faire un régime. Elle a lu beaucoup de livres de cuisines de régime et elle fait des exercices d'étirement le matin. Elle a aussi étudié et expérimenté des recettes diététiques, mais beaucoup de recettes contiennent de la viande, ce que Maria essaie d'éviter. Cependant, cuisiner prend beaucoup de temps et aussi souvent que possible, elle essaie de trouver un restaurant bon pour la santé parce qu'elle ne veut pas cuisiner tous les jours. Une bonne amie lui a parlé d'un bon restaurant végétarien. Maria essaie le restaurant et trouve les plats absolument délicieux. La plupart des plats sont végétariens et certains sont même seulement végétaliens. Très vite, Maria est devenue une habituée. Son plat préféré est la soupe de légumes qui n'est pas censée avoir de viande du tout. Un jour elle demande au chef pourquoi la soupe est si délicieuse car elle veut connaitre le secret. Le chef lui répond qu'il utilise encore du bouillon de poulet.

100. Jardin ouvrier

Inconnue de beaucoup, la culture allemande est aussi connue pour ses jardins ouvriers.

En dehors des grandes villes, beaucoup de gens ont des jardins ouvriers qui consistent en un petit jardin et une petite cabane. Beaucoup de ses petits jardins ouvriers forment une petite colonie.

La plupart des propriétaires de jardins ouvriers sont des retraités et y vont pour s'échapper des villes.

Un de ces jardins appartient à Wolfgang Meier, un retraité de Hambourg. Dans son jardin, il a construit une petite marre. Il est très fier de ses petits poissons rouges qui nagent dans la marre. En fait, M. Meier n'a pas de famille et aime ses poissons. Il a donné un nom à chacun d'entre eux.

Un jour, M. Meier va voir son jardin et découvre à la surface quelques-uns des poissons morts. Il n'y a pas d'explication. Cependant M. Meier est très triste et décide de vendre son jardin ouvrier. Bizarrement, personne ne veut lui acheter. Heureusement, un voisin finit par acheter son jardin très peu cher.

Le voisin est très heureux de son jardin et en prend grand soin. Après peu, le jardin est en excellente condition. Tout le jardin éclot et la marre est pleine de poissons.

De temps en temps, M. Meier vient voir son jardin, juste pour voir ce qui a changé. M. Meier est un peu jaloux et voudrait de nouveau utiliser son jardin. Un jour, sans prévenir, beaucoup de poissons sont morts.

Peu de temps après, le nouveau propriétaire reçoit une lettre de M. Meier. La lettre dit que M. Meier voudrait utiliser le jardin pendant les week-ends. S'il accepte de le laisser faire gratuitement, il prendrait bien soin des poissons et garantit que plus aucun ne va mourir. D'un autre côté, s'il refuse, M. Meier pourrait imaginer les problèmes s'empirer.

DOWNLOAD AUDIO

Please click or type the following URL into your browser:

goo.gl/86QFWZ

Thank you for your time reading this book. I hope you have enjoyed reading the short stories, but most importantly, I hope that your French has improved as a result.

Why not sharing this information with anyone you care about?

I'd like to ask you for a favor, would you be kind enough to leave a review for this book? It helps other people to find this book, and you would do something positive to spread the language. Anyway, it'd be greatly appreciated!

Thanks again and all the best!

Christian Stahl

https://chrisstahl.000webhostapp.com/

Lightning Source UK Ltd.
Milton Keynes UK
UKHW021210161220
375263UK00014B/3074